Lindemann Group
PETER SCHIEßL

CorelDRAW X5

Aufbauband
zu den Schulungsbüchern für
CorelDRAW und Corel Photo-Paint X5

ISBN 9781973453635
Print on Demand since Sept. 2010
V210802

Lindemann Group
© Dipl.-Ing. (FH) Peter Schießl
Fortnerstr. 8, 80933 München

www.lindemann-beer.com
www.kamiprint.de
Email: post@kamiprint.de

Inhaltsverzeichnis

16. Extrudieren und Kopieren   109

FOTOS...113

Mit Fotos arbeiten, Film, Bildsprühdose, Wasserzeichen.............................. 113

17. Fotos freistellen   115

18. Photo-Paint spezial   121

19. Zum Schluss   129

20. Stichwortverzeichnis   133

1. Einleitung

In den Büchern zu **CorelDRAW** und **Corel Photo-Paint** wurden beide Programme systematisch und mit vielen Übungen von Anfang an vorgestellt. In diesem Band werden wir uns anhand professionellerer Übungen mit einigen erweiterten Funktionen, die nicht nur für professionelle Nutzer interessant sind, beschäftigen. Darum zuerst ein kurzer Überblick, was Sie bereits können sollten.

1.1 Ihre Kenntnisse

Allgemeine Kenntnisse:

- Zum Arbeiten mit dem PC unerlässlich sind Windows-Kenntnisse wie die **Fenstertechnik** (mehrere Programme öffnen, wechseln, Fenster in der Größe ändern oder verschieben) sowie

- die Organisation der eigenen Arbeiten in **Ordnern**, damit auch bei vielen Dateien noch der Überblick gewahrt bleibt und eine

- **Datensicherung** durchgeführt werden kann, optimal z.B. mittels DVD-Brenner.

In CorelDRAW sollten Sie:

- **Objekte** zeichnen (auch präzise mit Hilfslinien und Gitter), umformen, kopieren und deren Farbe ändern können,

- mit den vielen **Füllungsmöglichkeiten** vertraut sein und

- grundlegende **Effekte** wie Extrudieren oder Buchstaben verschieben oder Perspektive beherrschen.

- Auch fortgeschrittene Zeichentechniken wie die **Kurvenbearbeitung** mit dem Form-Werkzeug sowie **Gruppieren** und **Kombinieren** wurden bereits in dem ersten Band ausführlich erläutert.

Im Buch zu Corel Photo-Paint wurde bereits folgendes vorgestellt:

- Die Funktionen zum **Malen** in Photo-Paint (Rechteck, Ellipse, Vieleck, Spirale, Pinsel, Linie,

- dabei auch die Problematik, ob Sie etwas als **Objekt** zeichnen oder direkt auf den Hintergrund,

- deren **Einstellmöglichkeiten** in der **Eigenschaftsleiste** und die Farbauswahl einschließlich der Farbpaletten,

- wie **Objekte** mittels den Maskenfunktionen aus einer **Maske** ausgeschnitten und in andere Fotos oder andere Dateien, z.B. einen Monatsbericht oder eine Werbeanzeige, eingefügt werden können,

- und einige der zahlreichen **Effekte** sowie die grundsätzliche Anwendung der Effekte, z.B. dass mit einer Maske Effekte nur auf diesen maskierten Bereich angewendet werden.

Wenn Sie diese Grundlagen anhand der ersten beiden Bände erlernt haben, werden Sie mehr Spaß mit den Corel-Programmen und diesem Aufbauband haben, da hier diese Grundlagen nur kurz gestreift werden können.

1.2 Über diesen Band

In diesem Band werden die Grundtechniken vorausgesetzt, um hier die **professionelle Anwendung** üben zu können. Dabei werden wie bei einem echten Projekt Fotos vorbereitet, in ein CorelDRAW-Projekt eingefügt und mit einem passenden Hintergrund, Text und Effekten versehen.

Ergänzend folgen Hinweise und Tipps zur professionellen Gestaltung und Vorbereitung für Druckaufträge.

1.3 Hinweise zum Design

Für ein gelungenes Design sollten Sie ein paar Grundregeln berücksichtigen.

Zu den Empfängern Ihrer Botschaft:

- das Design bestimmt letztendlich die **Zielgruppe**, nicht der Designer, wenn Sie Erfolg mit Ihrer Werbung haben möchten oder wollen, dass Ihre Botschaft angenommen wird.

Was möchten Sie erreichen?

- Werbung, Firmenlogos, Produktaufkleber, alles hat auf der Sympathie-Welle den besten Erfolg, **positive Emotionen** reizen zum Kauf, am besten verkauft sich natürlich mit erotischen Motiven.

  - Je nach **Kulturkreis** gibt es mit positiven und negativen Emotionen besetzte Symbole, Farben, Zahlen, Tiere usw.

  - In dem europäischen Kulturkreis ist z.B. die Schlange negativ besetzt und eignet sich damit schlecht für Werbebotschaften, ebenso sollte die Zahl dreizehn vermieden werden.

  - Bei Projekten für andere Kulturkreise ist dementsprechend fundiertes Hintergrundwissen erforderlich.

> Vermeiden Sie Bilder von negativ besetzten Motiven, auch wenn Sie z.B. Spinnen mögen, und achten Sie, dass die Gestaltung zu dem Thema und der Zielgruppe passt (Spinnen z.B. passen durchaus zu Halloween). Werbeprofis führen hierfür umfangreiche und kostenintensive Marktforschungen durch.

Zur Farbgestaltung:

- ♦ überlegen Sie sich, welche Farbe zu Ihrem Projekt passt.
  - ↳ Oft ist die Farbe durch das Produkt oder das **Thema** bereits umrissen, z.B. passt königsblau, braun oder gold zu Kaffee oder weiß und blau zu Milch, da letztere Farben den Eindruck sauber und frisch vermitteln.
- ♦ Farben haben **psychologische** Wirkungen.
  - ↳ Als Beispiel: stellen Sie sich einmal eine pinkfarbene oder schwarze Milchtüte vor. Bei Schokolade ist eine schwarze Packung dagegen kein Problem.
- ♦ Es wirkt sehr ästhetisch, wenn ein **Farbgrundton** vorherrscht. Beachten Sie Produktaufkleber oder Plakate.
  - ↳ Sehr gut ist auch immer ein **Farbwechsel**, z.B. unten braun mit goldener Schrift, oben goldfarbig mit brauner Schrift.

Zur Schrift:

- ♦ verwenden Sie nicht zu viele unterschiedliche Schriften. Das verwirrt und schädigt das Design.
  - ↳ Sachliche, gerade Schriften für normale Projekte, ausgefranste oder popige z.B. für ein Musikfestival. Überlegen Sie sich, welche Schrift zu Ihrem Projekt passt.
- ♦ Die wesentliche Botschaft sollte in Form einer **Überschrift** sofort und mühelos erkennbar sein.
  - ↳ Ist das Interesse geweckt, können weitere **Informationen** daher verhältnismäßig klein untergebracht werden.
- ♦ Lieber für die notwendigen Informationen eine kleine Schrift, dafür mit erkennbaren Absätzen und **gut strukturiert**.
  - ↳ Die Struktur in Form von **Absätzen** und dem Aufbau (hier Überschrift mit Thema, dort Informationen, dann Adresse…) sollte leicht zu erfassen sein, denn selbst bei der popigsten und grellsten Werbung sind die Leser selten bereit, mühevoll den Ideen des Designers zu folgen, wenn der Aufbau nicht auf einen Blick zu erfassen ist.

Das Medium:

- ♦ bevor Sie beginnen, sollten Sie sich im Klaren sein, auf welchem Medium Ihre Arbeit veröffentlicht wird.
  - ↳ Das Design für eine **Internet-Seite**, die am Bildschirm betrachtet wird, erfordert natürlich einen anderen Aufbau und eine andere Qualität der verwendeten Bilder als ein Plakat, dass in einer **Druckerei** perfekt auf Hochglanzpapier gedruckt wird.
  - ↳ Nicht unwesentlich ist hierbei auch die physikalische Größe, meist das **Papierformat**, welches die Gestaltungsmöglichkeiten weitgehend einschränkt.

Das waren ein paar einfache Gestaltungsregeln, die jedoch viel mehr nützen als eine endlose Liste an Ratschlägen, die dann mangels Überblick nicht umgesetzt werden können.

1.4 Design entwickeln

In der Praxis entwickeln sich neue Objekte mit viel Ausprobieren. Darum ist es praktisch und sinnvoll, verschiedene **Entwürfe** durchzuspielen.

- Sie können entweder die Elemente im Seitenrand ablegen und dann in die Zeichnung ziehen und so z.B. verschiedene Objekte und Hintergründe ausprobieren oder

- verschiedene Entwürfe als separate Dateien abspeichern, z.B. ein Projekt mit verschiedenen Hintergründen (Arbeit-Füllung lila, Arbeit-Farbverlaufsfüllung usw.), ausdrucken, anschauen, besprechen und sich dann entscheiden.

- Schränken Sie sich nicht von vornherein ein. Zuerst ohne Vorbehalte viele Varianten ausprobieren, danach eine Richtung auswählen.

- Begutachten Sie professionelle Vorlagen, z.B. Werbeprospekte, Produktaufkleber, Zeitschriften und versuchen Sie, Ihre Projekte mit ähnlicher Qualität zu erstellen.

- Wichtig für professionelles Design sind folgende Aspekte:
  - ★ Präzise Ausführung, z.B. perfekt ausgerichtet mit Raster und Hilfslinien, exakt freigestellte Objekte ohne Ränder.
  - ★ Zum Thema passende Farbwahl, harmonisierende Farben,
  - ★ Zum Thema passende Objekte und Fotos,
  - ★ Gute Strukturierung, übersichtliches Design, hier ist Beschränkung besser, als eine Zeichnung mit den vielen faszinierenden Möglichkeiten, die Corel bietet, zu überfluten.

Der Vorteil des Computers. Einmal gezeichnetes kann beliebig oft kopiert und verwendet werden, viele Entwürfe und Varianten lassen sich somit relativ einfach erstellen.

1.5 Über die CorelDRAW-Vorlagen

Im Corel können Sie mit dem Befehl **Datei-Neu von Vorlage** oder aus dem Willkommen-Fenster eine vorgefertigte Vorlage laden, z.B. für ein Geschäftspapier, ein CD-Cover, eine Webseite, das Titelblatt eines Heftes oder eine Faltkarte.

Inzwischen sind viele interessante Vorlagen vorhanden:

- Sie finden zahlreiche Vorlagen zu verschiedenen Themen in Ordner einsortiert, z.B. für Visitenkarten, Prospekte, Werbekarten, Poster usw.

- Einige Vorlagen sind zwar mit Zoll-Maßen erstellt, doch dass lässt sich bei Layout-Seite einrichten ändern, oft sind Vorlagen auch mit Zoll- und mm vorhanden.

- Wenn Sie eine Vorlage verwenden, können Sie diese beliebig anpassen, etwa mit einem anderen Hintergrund.

Notizen: ....

....

....

Erster Teil

Kurven

Kurvenbearbeitung, Objekte zeichnen, Gruppieren und Kombinieren

Auch CorelDRAW-Grundlagen werden zum Teil wiederholt, jedoch im Hinblick auf professionellere Anwendung. Deren Funktionsweise wurde in dem ersten Band zu CorelDRAW ausführlich und umfassend beschrieben und wird hier nur kurz als Erinnerungshilfe angegeben.

Allgemeine Shortcuts:

[F1]	Hilfe
[Strg]-z	Rückgängig
[Strg]-p	Drucken
[Strg]-x	Ausschneiden
[Strg]-c	Kopieren
[Strg]-v	Einfügen

CorelDRAW-Shortcuts:

[Strg]-y	An Gitter ausrichten
[Alt]-z	An Objekten ausrichten
[Strg]-a	Alles markieren
[Strg]-d	Duplizieren (=Kopieren).
[Strg]-g	Gruppieren
[Strg]-u	Gruppierung aufheben
[Strg]-l	Kombinieren

Für Text:

[Strg]-t	Text formatieren.
[Strg]-[Um-schalt]-t	Text bearbeiten in einem Editor-Fenster.
[Strg]-F5	Andock-Fenster Textstile
[Strg]-F11	Symbole einfügen

Ansicht einstellen:

[Strg]-F2	Ansichts-Manager
[F2]	Zoom-Linse
[F3]	Ansicht verkleinern
[F4]	Zoom auf alle Objekte
[F9]	Ganzseitenvorschau, zurück mit [Esc]

2. Gefüllte Objekte

Wir beginnen mit einer kleinen Übung zum Aufwärmen, sozusagen eine Wiederholung der Kurvenbearbeitung.

2.1 Zu Kurvenlinien

➢ **Seitenformat** ca. 120x80 cm.

➢ Damit die **gelbe** und grüne Füllung möglich ist, brauchen wir **zwei geschlossene Figuren**.

    ↪ Die Zwischenlinie daher zweimal zeichnen oder kopieren.

    ↪ Das wird Schritt für Schritt im Folgenden erläutert.

Kurvenlinie mit dem Form-Werkzeug anpassen.

"Männchen" nach dem Zeichnen **kombinieren**.

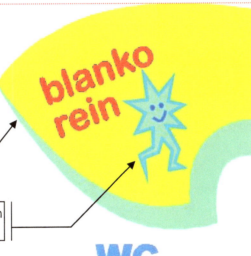

Übungen aus der Praxis sind die beste Übung. Auch bei diesem anscheinend recht einfachen Projekt sind einige Schwierigkeiten eingebaut.

Darum werden wir der Reihe nach die Elemente entwickeln.

2.2 Die Figur

Bei der Figur ist folgendes wichtig. Da wir Freihandzeichnen, sollte das Gitter ausgeschaltet sein.

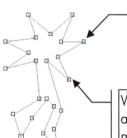

> ➤ Zuerst mit dem **Linienwerkzeug** den Umriss zeichnen, dabei am Anfangs- und Endpunkt einmal, bei jedem Wendepunkt zum Weiterzeichnen **doppelklicken**.

> ➤ Oder ohne Doppelklicken mit Polylinien (im Linien-Flyout, dann mit Doppelklicken abschließen).

> Die Form muß nicht auf Anhieb passen, da Sie jeden **Wendepunkt** bei gewähltem Form-Werkzeug mit der Maus verschieben und damit beliebig oft korrigieren können.

> Wenn Sie einmal einen Punkt zuviel gesetzt haben, diesen anklicken und mit **[Entf]** löschen. Neue Punkte können Sie mit Doppelklicken nachträglich ergänzen.

2.2.1 Die Füllung

Wenn fertig, gleich eine Farbe rechts aus der Farbpalette anklicken, um zu sehen, ob sich das Objekt **füllen** lässt.

Wenn es nicht geht, treffen sich an einem Eck die Linien nicht haargenau, so dass zwischen den zwei Endpunkten eine Lücke vorhanden ist. Wir müssen die Endpunkte verbinden, damit außen herum eine **geschlossene Linie** entsteht.

Häufige Ursachen für **offene Endpunkte** sind ein aktiviertes Gitter oder wenn Sie zu langsam doppelklicken, bzw. die Maus dabei bewegen.

> ➤ Wählen Sie das **Form-Hilfsmittel** und markieren Sie offene Wendepunkte mit einem Markierungsrahmen.

>> ↳ Zwei offene Punkte schauen etwas dicker aus, da hier zwei Endpunkte nah beieinander sind.

>> ↳ Wenn Sie die offenen Enden nicht erkennen können, stark vergrößern oder einfach alle Punkte durchprobieren.

Bei offenen Endpunkten ist in der **Eigenschaftsleiste** das Symbol „**zwei Knoten verbinden**" aktiv.

> Wenn sich die Endpunkte beider Kurven nicht berühren, ist dieses leicht erkennbare Symbol für **Knoten verbinden** hervorgehoben.

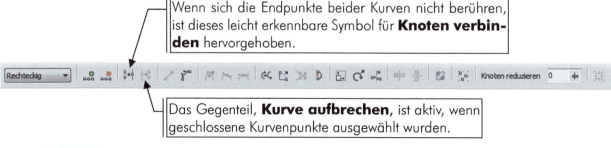

> Das Gegenteil, **Kurve aufbrechen**, ist aktiv, wenn geschlossene Kurvenpunkte ausgewählt wurden.

2.2.2 Der Mund und die Augen

Mund und Augen sind das optimale Demonstrationsobjekt für die Kurvenbearbeitung.

➢ Zeichnen Sie eine **gerade Linie**,

➢ dann diese bei gewähltem **Form-Werkzeug** anklicken und in der **Eigenschaftsleiste** zu einer Kurve konvertieren.

➢ Anschließend die Linie in der Mitte nach unten **ausbeulen**.

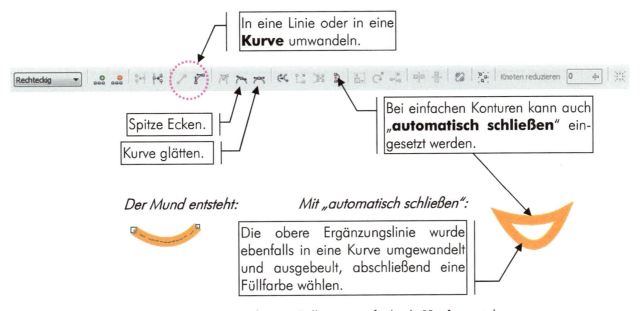

In eine Linie oder in eine **Kurve** umwandeln.

Spitze Ecken.

Kurve glätten.

Bei einfachen Konturen kann auch „**automatisch schließen**" eingesetzt werden.

Der Mund entsteht: *Mit „automatisch schließen":*

Die obere Ergänzungslinie wurde ebenfalls in eine Kurve umgewandelt und ausgebeult, abschließend eine Füllfarbe wählen.

➢ Die **Augen** in diesem Fall ganz einfach als **Kreise** zeichnen.

Zur Erinnerung:

◆ bei gedrückter **[Strg]-Taste** zeichnen Sie:
einen **Kreis** statt einer Ellipse,
ein **Quadrat** statt einem Rechteck sowie
Linien in 30°-Winkel-Schritten (0°, 30°, 60°, 90° usw.),

◆ bei gedrückter **[Umschalt]-Taste** ist der Anfangspunkt der Mittelpunkt des Objekts.

2.2.3 Abschließend gruppieren

Wenn fertig, sollten aufwendigere Objekte **gruppiert** und somit zu einem Element zusammengefasst werden.

➢ Augen und Mund einpassen, dann noch die Linie und Füllung des Männchens passend einstellen,

[Strg]-g

➢ anschließend alles mit einem größeren **Markierungsrahmen** markieren und in der **Eigenschaftsleiste** Gruppieren anklicken oder den Shortcut **[Strg]-g** benutzen.

2.3 Die Kontur

Wir brauchen zwei geschlossene Umriss-
linien, damit wir die Teile verschiedenfar-
big füllen können.

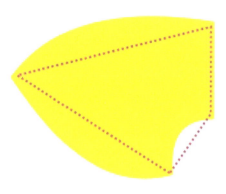

> ➢ Zeichnen Sie eine **Kontur** aus ge-
> raden Linienstücken entsprechend
> der rot gestrichelten Linie.

> ➢ Mit dem **Form-Werkzeug** die
> drei Linien in Kurven umwandeln
> und passend zu dem gelben Ob-
> jekt ausbeulen.

Der untere Teil:

> ➢ Zeichnen Sie aus geraden **Linien**
> die rot gepunktete Figur,

> ➢ auf die zuvor gezeichnete gelbe
> Form schieben und in der Größe
> angleichen,

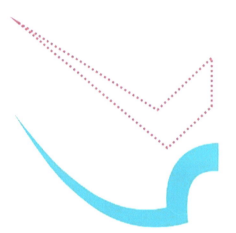

> ➢ dann mit dem **Form-Werkzeug**
> und einem großen Markierungs-
> rahmen alle Linien auf einmal in
> **Kurven** umwandeln und passend
> ausbeulen.

Zu einem Element verbinden:

> ➢ Beide Hälften wie abgebildet füllen, dann **zusammenschieben** und
> die Kurven ungefähr anpassen.

> ➢ Der **Übergang** muss nicht exakt stimmen, sondern das hellere Element
> wird ganz einfach **nach hinten** gesetzt, das dunklere überlappt, so
> dass nur dessen Kurve sichtbar ist (s. auch S. 83 „Überdrucken").

> > ✎ Wenn Sie beide Kurven exakt anpassen würden, wäre das nicht nur
> > unnötige Mühe, sondern auch das Risiko eines winzigen Abstandes
> > sehr hoch.

2.4 Der Text

> ➢ Alles Bisherige markieren und gruppieren, dann den Text „**blanko
> rein**" schreiben und mit der Maus drehen und einpassen.

> ➢ Den anderen Text absatzweise schreiben, zentriert und mit passender
> Schriftart und -größe einstellen, dann mit dem Menü „**Anordnen-
> Ausrichten und Verteilen**" auf die Seitenmitte zentriert einstellen.

> > ✎ Entweder eine Option wählen, z.B. „**Mittelpunkt vertikal auf
> > Seite**" oder

> > ✎ das Menü „**Ausrichten und Verteilen**" verwenden, in dem die
> > gewünschte Ausrichtungsart eingestellt werden kann.

3. Hintergrund und Schatten

Auch bei dieser Übung werden wir die wichtige und praktische Kurvenbearbeitung zum Teil wiederholen, zum Teil erweitern und mit schönen Füllungen und sinnvollen Effekten ein ästhetisches Gesamtbild schaffen.

3.1 Seitenformat und Druckvorbereitung

Wir wollen eine Werbeanzeige für ein Optiker-Geschäft entwerfen, die in einer DIN A4 Zeitung am unteren Blattrand abgedruckt werden soll. Abzüglich des Seitenrands darf die Anzeige 160 breit und 60 mm hoch sein, was wir gleich in der Datei einstellen.

> ➢ Neue Datei mit **160x60 mm** beginnen. Das Seitenformat können Sie in der Eigenschaftsleiste eintragen, sofern kein Objekt markiert ist.

Die perfekte Druckqualität stellt kein Problem dar, da wir keine Fotos, sondern nur gezeichnete Elemente verwenden. Bei einem echten Auftrag empfiehlt es sich, vorher mit der Druckerei, bzw. dem Satzstudio zu sprechen, ob eine Datei im CorelDRAW X5-Format verarbeitet werden kann.

- ◆ Im CorelDRAW können Sie mit **Datei-Speichern unter** in andere Formate exportieren, jedoch ist mit Umwandlungsfehlern zu rechnen.

  - ↳ Darum Aufträge möglichst **frühzeitig** erledigen, damit Zeit für ggf. auftretende Probleme bleibt.

  - ↳ Es ist auch möglich, in das **Adobe Illustrator**-Format mit der Dateiendung **ai** zu exportieren.

- ◆ Ebenfalls bei **Datei-Speichern unter** könnten Sie im Format einer vorherigen **CorelDRAW-Version** speichern.

  - ↳ Funktionen, die bei einer älteren Ausgabe noch nicht vorhanden waren, gehen dabei verloren.

- ◆ Wenn Sie eine Datei in einem **Standard-Vektorformat**, z.B. als **emf**- oder **wmf**-Vektordatei speichern, ist zwar die Kompatibilität gewährleistet, jedoch kann das Satzstudio nichts mehr korrigieren.

  - ↳ Standard-Vektorformate wie wmf (wird von MS Office verwendet) sind z.B. für Firmenlogos oder gezeichnete ClipArts günstig, da in jedem Office-Programm problemlos verwendbar.

  - ↳ Für spätere Änderungen jedoch unbedingt die Originaldatei im CorelDRAW-Format aufbewahren.

♦ Der sicherste Weg ist es, dem **Satzstudio** die CorelDRAW-Datei, einen Ausdruck sowie alle verwendeten Elemente noch einzeln (Bilder, Logos, ClipArts usw.) mitzugeben. Dann kann das Satzstudio ggf. korrigierend eingreifen.

↳ Zum Übertragen der Dateien bietet sich das Internet an. Die Datei einfach als **Email-Anhang** versenden.

↳ Wäre auch mit „Datei-Senden an-Email" möglich (nur die aktuelle Datei) oder mit „Datei-Für Ausgabe sammeln".

↳ Besser alle Zeichnungen, Fotos, ClipArts und Schriften in einem **Ordner** speichern, damit auch bei der Datensicherung nichts übersehen wird, so können diese leicht per Email gesendet werden.

↳ Mehrere Dateien können in komprimierte Archive (z.b. zip oder rar) gespeichert und übermittelt werden. Kostenlose Programme finden sich z.B. bei www.freeware.de .

3.2 Ein Auge

Fertige ClipArts sind für professionelle Arbeiten aus zwei Gründen meist ungeeignet: erstens finden Sie selten ein genau passendes, zweitens kennen sehr viele diese ClipArts.

Im CorelDRAW empfiehlt es sich,

immer mit den kleinen Objekten zu beginnen, den Hintergrund erst am Ende (dieser stört beim Zeichnen).

Als optischen Aufhänger wollen wir ein Auge zeichnen:

➤ Der Standardanfang selbstgezeichneter Elemente: mit dem **Linienwerkzeug** einmal klicken, Maus weg bewegen, Doppelklicken und wieder zum Anfangspunkt zurück, mit einmal klicken abschließen.

↳ **Zwei Linien** entstehen, die genau übereinander liegen.

➤ Beide Linien mit dem **Form-Werkzeug** auswählen (Markierungsrahmen), zu **Kurven** umwandeln und ausbeulen, dann farbig füllen.

Damit Sie das Auge besser erkennen können, vorübergehend mit heller Farbe füllen.

Jetzt noch zwei Kreise für die Pupille. Damit die beiden Kreise den gleichen Mittelpunkt haben, werden wir nur einen Kreis zeichnen und diesen bei gedrückter **[Umschalt]-Taste** um den Mittelpunkt **vergrößern** und dabei mit der **rechten Maustaste kopieren**, was im ersten CorelDRAW-Band ausführlich geübt wurde.

> ➤ **Einen Kreis** zeichnen, dann einen Anfasserpunkt am Eck anfassen, Größe ändern, dabei **[Umschalt]** gedrückt halten, damit die Größe um den Mittelpunkt geändert wird, und kurz die **rechte Maustaste** für **Kopieren** drücken.

> ↳ Alles ist ganz einfach, wenn Sie die **linke Maustaste** fest gedrückt halten. Dann können Sie beliebig lange probieren und erst wenn wirklich alles wie gewünscht eingestellt ist, die linke Maustaste loslassen.

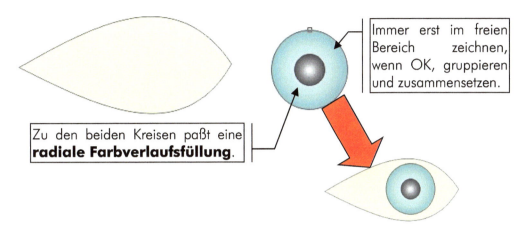

Immer erst im freien Bereich zeichnen, wenn OK, gruppieren und zusammensetzen.

Zu den beiden Kreisen paßt eine **radiale Farbverlaufsfüllung**.

Die radiale Farbverlaufsfüllung:

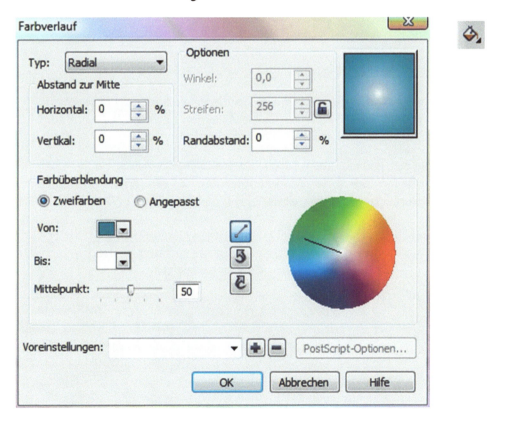

Augenlieder wären noch schön. Wir könnten diese neu zeichnen, probieren es aber mit einem Trick.

> ➤ Kopieren Sie das Auge ohne die Pupillen, dann die untere Linie mit dem Form-Werkzeug nach oben ziehen.

1. *Eine Kopie des Auges:*

2. *Hochgeklappt und schwarz gefüllt:*

3. *Mit der linken Maustaste den oberen, mittleren Anfasserpunkt anfassen, nach unten ziehen, unterwegs rechte Maustaste für Kopieren kurz klicken und wir haben ruckzuck zwei genau passende Augenlieder.*

Jetzt können Sie die Elemente zusammenschieben, in der Größe und Form noch einmal abschließend anpassen, fertig ist das Auge.

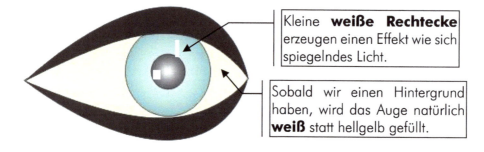

Kleine **weiße Rechtecke** erzeugen einen Effekt wie sich spiegelndes Licht.

Sobald wir einen Hintergrund haben, wird das Auge natürlich **weiß** statt hellgelb gefüllt.

3.3 Das Gitter einrichten

Jetzt ergänzen wir schon einmal den Text, da dieser weitgehend vorgegeben ist. Die Adresse muss irgendwo untergebracht werden und der Blickfangtext, bzw. Werbeslogan sollte vorher schon erdacht sein.

♦ Bevor Sie den Text schreiben, sollten Sie das **Gitter** auf einen passenden Wert einstellen, bei dieser Zeichnungsgröße z.B. auf **1mm** und ggf. **Hilfslinien** zum Anordnen setzen.

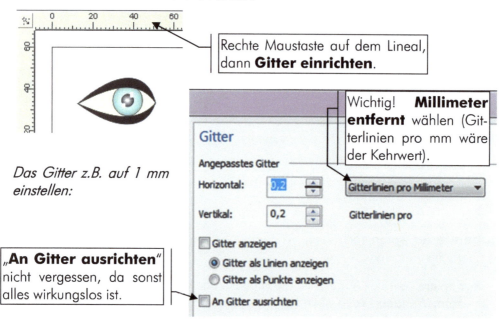

Rechte Maustaste auf dem Lineal, dann **Gitter einrichten**.

Wichtig! **Millimeter entfernt** wählen (Gitterlinien pro mm wäre der Kehrwert).

Das Gitter z.B. auf 1 mm einstellen:

„An Gitter ausrichten" nicht vergessen, da sonst alles wirkungslos ist.

Mit dieser Schaltfläche oder mit [Strg]-y kann „an Gitter ausrichten" ein- oder ausgeschaltet werden.

Ausrichten an ▾

♦ Beachten Sie beim Zeichnen, ob die Maus zu den Gitterpunkten springt sowie die Koordinatenangabe oben links in der Eigenschaftsleiste, da Sie das Gitter für Freihandelemente mit **[Strg]-y** (siehe Ansicht-An Gitter ausrichten) öfters abschalten müssen und

↳ weil Objekte auf „krummen" Koordinaten (11,565/77,221) bei perfekter Druckqualität eine Katastrophe sind. Je besser der Druck, umso geringere Ungenauigkeiten werden erkannt!

3.4 Text ergänzen - Hilfslinien zum Anordnen

➢ Wenn das Gitter eingerichtet ist, können Sie aus dem Lineal Hilfslinien in die Zeichnung ziehen, damit sich die Texte z.B. links und rechts haargenau ausrichten lassen.

↳ Mit Ansicht-Ausrichten an-„An Hilfslinien ausrichten" aktivieren.

↳ Durch **Doppelklicken** auf einer Hilfslinie erscheint ein Einstellmenü, indem Sie z.B. eine Hilfslinie für den linken und rechten Seitenrand exakt eingeben oder verschieben können, etwa links bei 5mm und rechts bei 160-5 ergibt 155 mm.

➢ **Schreiben** Sie zusammengehörende Texte als eigene **Absätze**, dann an anderer Stelle klicken und den nächsten Textblock schreiben.

➢ Suchen Sie sich eine **Schriftart** aus. Diese allen Texten zuweisen, dann **Größe anpassen**.

↳ Für eine Überschrift oder einen Blickfangtext kann natürlich auch eine spezielle Schrift verwendet werden, jedoch sollte nicht jeder Textblock in einer anderen Schriftart gestaltet werden.

➢ Die Texte **anordnen** und ggf. mittels den Hilfslinien einpassen.

➢ Zuletzt **Effekte** wie einen **Schatten** oder Sonderzeichen oder einen Hintergrund ergänzen.

Ein Beispieltext, mit Hilfslinien angeordnet:

Mittels der **Hilfslinien** kann jeder Text links und rechts optimal angeordnet werden.

3.5 Hintergrund

Bevor wir mit den Textfarben oder einem Schatten für den Text experimentieren, werden wir den Hintergrund ergänzen, damit wir die Farbzusammenstellung begutachten können.

Für den Hintergrund wird üblicherweise ein gefülltes Rechteck über die ganze Seite oder sogar etwas größer gezogen und gefüllt. Wir können jedoch auch zwei oder mehrere Rechtecke verwenden und verschieden füllen, damit mehrere Bereiche entstehen. Oder einem Text ein Rechteck hinterlegen, was wie Text mit einem Rahmen oder einer Schattierung wirkt.

Um die Einteilung zu unterstreichen, bietet sich hier ein Rahmen für die linke Seite mit dem Auge an und ein Rahmen für den rechten Textbereich sowie ein Rahmen unten für die Anschrift.

> ➢ Ergänzen Sie die **Rahmen** (=Rechtecke), dann deren Linien ausschalten und jedem Rechteck eine geeignete **Füllung** zuweisen.

So ungefähr sollte es werden:

Nach hinten gesetzte Rechtecke.

Ein Rechteck hinter dem Text, gefüllt und leicht transparent eingestellt.

Sonderzeichen aus der Schrift **Wingdings**.

Eine waagerechte Linie, zu einem gestrichelten **Pfeil** formatiert.

Die speziellen Einstellungen werden im Folgenden detaillierter erläutert.

3.6 Rechtecke, Anordnung, Transparenz

Wenn Sie ein Rechteck so groß wie die Seite einfügen, können Sie eine Hintergrundfüllung verwenden, mit zwei Rechtecken wie hier können den Hintergrund links und rechts verschieden füllen.

Dieses Prinzip lässt sich beliebig fortsetzen, z.B. weitere Rahmen als Textschattierung. Für die Anwendung wichtig ist nur, wie Sie Elemente nach vorn oder nach hinten verschieben können.

Zur Anordnung von Elementen:

- Das zuletzt gezeichnete Element ist üblicherweise vorne.

- Bei **Anordnen-Anordnung** sind alle Befehle für die Reihenfolge.

  - ✎ Hier sehen Sie auch die Shortcuts und können sich einen ggf. für oft benötigte Aktionen einprägen, praktisch z.B. ist [Strg]-**Bild auf/ab** für eins nach vorn/hinten.

- Mit der **rechten Maustaste** auf einem Element kommen Sie zu dem gleichen Menü Anordnung, zusätzlich finden Sie in der **Eigenschafts-leiste** zwei Symbole für **nach vorn/hinten**.

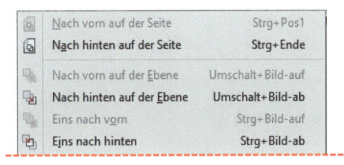

	Nach vorn auf der Seite	Strg+Pos1
	Nach hinten auf der Seite	**Strg+Ende**
	Nach vorn auf der Ebene	Umschalt+Bild-auf
	Nach hinten auf der Ebene	**Umschalt+Bild-ab**
	Eins nach vorn	Strg+Bild-auf
	Eins nach hinten	**Strg+Bild-ab**

Transparenz und Eckenrundung:

Für die Rechtecke als **Texthintergrund** sind zwei spezielle Einstellungen ideal, zum einen eine Eckenrundung, zum anderen eine leichte Transparenz.

- Die **Eckenrundung** können Sie in der Eigenschaftsleiste einstellen. Wenn das **Schloß** gedrückt ist, werden alle Ecken gleich gerundet.

- Für die **Transparenz** ist zuerst das interaktive Transparenzwerkzeug auszuwählen, dann kann oben in der Eigenschaftsleiste eine gleichmä-ßige Transparenz vorgegeben und mittels dem Schieber eingestellt werden.

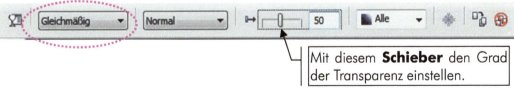

Mit diesem **Schieber** den Grad der Transparenz einstellen.

Die Rechtecke als Hintergrund und Textschattierung:

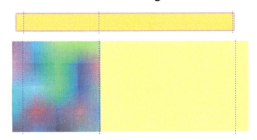

3.7 Sonderzeichen für den Text

Bei dem Text haben wir einige **Sonderzeichen** eingebaut. Im CorelDRAW kommen Sie zu dem Sonderzeichen-Menü mit **Text-Symbolzeichen einfügen** oder der Tastaturabkürzung **[Strg]-[F11]**.

[Strg]-
[F11]

Jede Schrift beinhaltet mehr Zeichen, als auf der Tastatur dargestellt sind. Spezielle Sonderzeichen-Schriften enthalten gar keine Buchstaben, sondern stattdessen nur kleine Bildchen. Zu diesen Zeichen kommen Sie mit dem Sonderzeichen-Menü.

Zur Bedienung des Menüs:

♦ Weil auf jedem Rechner andere Sonderzeichen-Schriften installiert sind, sollten Sie sich einmal Ihre Schriften und die vorhandenen Bilder in diesem Sonderzeichen-Menü in Ruhe anschauen.

♦ Oben bei Schrift die gewünschte Schriftart mit Bildern wählen, z.B. die Schrift **Wingdings**.

✥ Die Schrift **Wingdings** für Windows-Dinge ist auf jedem Windows-Rechner vorhanden, ebenso meist Webdings.

✥ Auf der **Corel-DVD** sind noch viele andere Bilderschriften. Sie sollten jedoch nur wirklich benötigte nachinstallieren, da jede installierte Schrift ständig Arbeitsspeicher beansprucht.

✥ Installieren neuer Schriften geht im Windows Explorer oder Corel Connect, indem Sie die neue Schriftart suchen, z.B. von der Corel-DVD, dann rechte Maustaste darauf und installieren wählen.

Das gewünschte Symbol bekommen Sie folgendermaßen in den Text:

➢ Zuerst mit dem **Textwerkzeug** den Text anwählen und den **Cursor** an die gewünschte Stelle setzen.

➢ Dann auf ein Symbol **doppelklicken**, welches dadurch an der aktuellen Cursorposition in den Text eingefügt wird.

✓ Sofort-Mitnahmepreise
✓ Geprüfte Qualität

Optik-Otto ♦ Am Marienplatz ♦ 18765 City ♦ Tel.: 000 / 112233 ♦ Fax: 000 / 112234

♦ Einmal eingefügte Symbole können Sie auch kopieren und dann einfacher an beliebig vielen anderen Textstellen einfügen:

✥ **markieren** mit den Richtungstasten bei gedrückter [Umschalt]-Taste oder mit der Maus,

✥ **kopieren** mit [Strg]-c und einfügen mit [Strg]-v.

Wenn Sie nachträglich die Schriftart ändern, geht natürlich auch die Symbolschrift verloren. Dann müssten Sie mühselig die Symbole markieren und wieder auf die ursprüngliche Symbolschrift zurückschalten.

3.7.1 Die Linie formatieren

Eine Linie soll die Blickrichtung angeben und den Text unterstreichen. Einige Hinweise zum Zeichnen.

- ♦ Wenn Sie beim Zeichnen der Linie die **[Strg]-Taste** gedrückt halten, wird diese automatisch waagerecht oder in folgenden Winkeln: 30°, 45°, 60° usw. gezeichnet.

- ♦ Alle möglichen Einstellungen für Linien finden Sie in dem Linienmenü.

Zu diesem Einstellmenü kommen Sie auf zwei Wegen:

- ♦ in der Eigenschaftsleiste, wenn die Standardoptionen reichen,

- ♦ oder auf der Linie die **rechte Maustaste** drücken, dann Eigenschaften wählen.

   ↳ Es erscheint ein Andockfenster, in dem die Einstellungen auf einige Karteikarten verteilt sind.

3.7.2 Eine Form

Im CorelDRAW gibt es auch vorgefertigte Standardformen wie im MS Office für Sterne, Pfeile, Beschriftungskästchen usw.

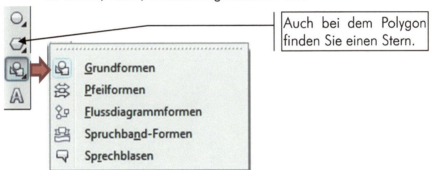

Auch bei dem Polygon finden Sie einen Stern.

Grundformen
Pfeilformen
Flussdiagrammformen
Spruchband-Formen
Sprechblasen

- ♦ Wenn Sie eine dieser **Gruppen** gewählt haben, können Sie in der **Eigenschaftsleiste** eine Form auswählen.

Die Form in der Größe anpassen, passend farblich füllen und dann den Text davor schreiben.

Um die Größe und Lage mit der Maus frei einstellen zu können, wurde „ab, € und 9,90" separat geschrieben.

ab
9,90€

Falls sich das „**ab**" nicht klein schreiben lässt, ist hierfür die **Blitzkorrektur** verantwortlich (ähnlich Autokorrektur im Word).

Bei **Text-Schreibhilfsmittel-Blitzkorrektur** auf jeden Fall „Ersten Buchstaben von Sätzen großschreiben" abschalten oder sogar alle Optionen, da bei den geringen Textmengen die Blitzkorrektur wenig nützt und durch die schlechte Voreinstellung dafür oft schadet und neue Fehler produziert.

4. Gruppieren und Kombinieren

Zeichnungen können beliebig viele Details enthalten und aus Tausenden von Einzelteilen bestehen, wenn diese zu Gruppen zusammengefasst werden. Am besten einzelne Gruppen, z.B. ein Rad, separat zeichnen, gruppieren und dann als ein Element einfügen.

Zur Wiederholung: mit **Gruppieren** können viele einzelne Zeichenteile zu einem Objekt zusammengefasst werden. Mit **Kombinieren** kann der Bereich zwischen einem äußeren und einem inneren Element gefüllt werden.

Ein **gruppiertes** Rad wird zu einem Teil, das damit jederzeit sehr einfach kopiert oder verschoben werden kann.	Hier wurde ein Kreis und ein innen liegendes Rechteck **kombiniert**. Beim Füllen bleibt das Rechteck leer.

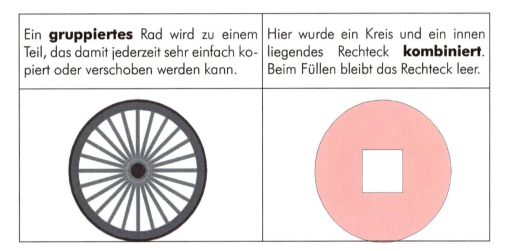

Wir wollen zur Wiederholung und Erweiterung eine Werbeanzeige zeichnen.

4.1 Ein Hochhaus mit Fenstern

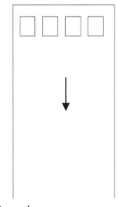

➢ Beginnen Sie eine neue Zeichnung, dann als Seitenformat **DIN A5 quer** einstellen, Gitter auf je 1 mm und Hilfslinien für je 10 mm Seitenrand.

➢ Wir wollen ein **Hochhaus** zeichnen. Ein Rechteck für den Umriss, ein weiteres für ein Fenster.

➢ Dieses erste Fenster waagerecht mit der rechten Maustaste mehrfach kopieren, dann die erste Fensterreihe **gruppieren** und auf einmal mehrfach nach unten die Fensterreihen auffüllen.

✍ Mit Hilfe des Gitters oder bei gedrückter [Strg]-Taste kann nur waagerecht oder senkrecht verschoben, bzw. kopiert werden.

➢ Sehr schnell geht es, wenn Sie, sobald z.B. drei Fensterreihen vorhanden sind, alle drei Reihen mit einem Markierungsrahmen markieren und auf einmal weiter nach unten kopieren.

➢ Wenn das erste Hochhaus fertig ist, alle Fenster gruppieren und dann den Hintergrund **farbig** füllen, die Fenster weiß oder hell.

➢ Abschließend alles **gruppieren** und das ganze Hochhaus mehrfach kopieren.

    ✍ Jedes Hochhaus etwas verformen und die Größe ändern.

Ändern trotz Gruppierung:

➢ Natürlich könnten Sie auch die **Gruppierung aufheben** und ein Haus umzeichnen, z.B. Rahmen verbreitern und eine weitere Fensterreihe ergänzen.

    ✍ Bei gedrückter **[Strg]-Taste** können einzelne Elemente trotz Gruppierung gewählt und geändert werden.

    ✍ Das bietet sich vor allem an, um die Farbe der Hochhäuser zu ändern, ohne die Gruppierung aufzuheben.

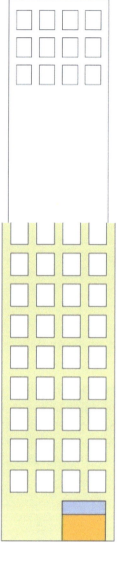

Das vorläufige Zwischenergebnis mit mehreren Hochhäusern. Die nach hinten gesetzten sollten etwas kleiner eingestellt werden, damit der perspektivische Eindruck stimmt.

4.2 Ein U-Bahn-Tunnel

Ergänzen Sie nun noch ein Dreieck und ein Rechteck wie auf der vorigen Seite abgebildet. Das soll ein U-Bahn-Tunnel werden, aus dem wir einen Zug herausfahren lassen werden.

> ➤ Das **Dreieck** könnten Sie aus den AutoFormen wählen oder mit dem Vieleck-Werkzeug erstellen, viel schneller geht es jedoch mit dem **Linienwerkzeug** und Doppelklicken zum Fortsetzen.

> ➤ Die Tunnelöffnung als Rechteck zeichnen, dann **Anordnen-In Kurven konvertieren** wählen, damit dieses verändert werden kann, und mit dem **Form-Werkzeug** die obere Linie anklicken, zu einer Kurve umwandeln und zu einem Bogen ausbeulen (Siehe S. 15).

> ➤ Anschließend Tunnel markieren, dann das Dreieck markieren und **verschmelzen**, so dass der Tunnel beim Dreieck ausgespart wird.

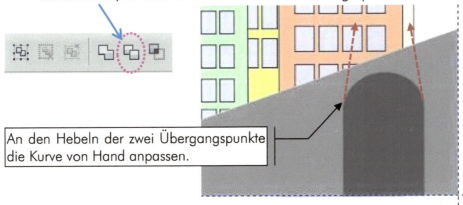

An den Hebeln der zwei Übergangspunkte die Kurve von Hand anpassen.

4.3 Die U-Bahn

Wie die folgende Abbildung veranschaulichen soll, ist die U-Bahn aus ganz einfachen Elementen (Rechtecke, Kreise usw.) zusammengesetzt und abschließend gruppiert.

Die U-Bahn im Tunnel. Die räumliche Erweiterung wird auf der nächsten Seite erläutert.

4.3.1 Die räumliche Erweiterung

Räumliche Effekte lassen sich oft mit Extrudieren erreichen, jedoch nur bei einfachen Objekten und mit enormem Rechenaufwand, vor allem aber geht damit nicht die leicht gebogene Form. Aus diesem Grund gehen wir hier einen anderen Weg und ergänzen nach hinten kleiner werdende **Erweiterungsstücke**, die leicht gebogen werden, damit es so aussieht, als ob die U-Bahn um die Kurve fährt.

Folgende Teile wurden ergänzt:

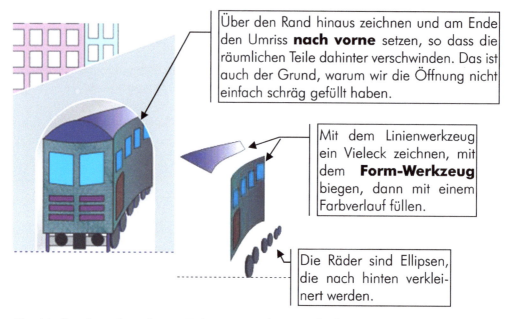

Über den Rand hinaus zeichnen und am Ende den Umriss **nach vorne** setzen, so dass die räumlichen Teile dahinter verschwinden. Das ist auch der Grund, warum wir die Öffnung nicht einfach schräg gefüllt haben.

Mit dem Linienwerkzeug ein Vieleck zeichnen, mit dem **Form-Werkzeug** biegen, dann mit einem Farbverlauf füllen.

Die Räder sind Ellipsen, die nach hinten verkleinert werden.

Abschließend wird noch ein Teil ergänzt, damit sich der **Hintergrund** mit einem **schrägen Farbverlauf** füllen lässt.

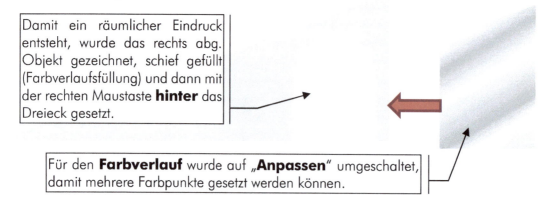

Damit ein räumlicher Eindruck entsteht, wurde das rechts abg. Objekt gezeichnet, schief gefüllt (Farbverlaufsfüllung) und dann mit der rechten Maustaste **hinter** das Dreieck gesetzt.

Für den **Farbverlauf** wurde auf „**Anpassen**" umgeschaltet, damit mehrere Farbpunkte gesetzt werden können.

Farbpunkte mit Doppelklicken im Farbbalken setzen:

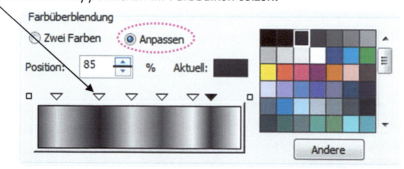

4.4 Text und Drehen

Der Text soll haargenau im gleichen Winkel wie die Schräge verlaufen. Hier im Fortschrittsband werden wir uns etwas mit der Problematik befassen, wie ein Winkel reproduzierbar ist.

- ♦ Bei **gedrehten Objekten** wird im CorelDRAW in der Eigenschafts-leiste der Drehwinkel gemeldet und könnte auch wieder zu 0° abge-schaltet werden.

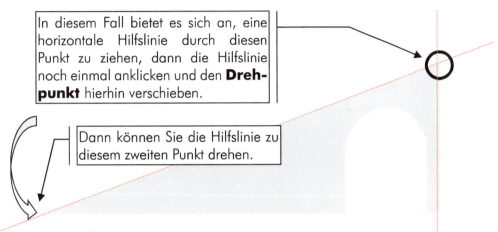

In diesem Fall bietet es sich an, eine horizontale Hilfslinie durch diesen Punkt zu ziehen, dann die Hilfslinie noch einmal anklicken und den **Drehpunkt** hierhin verschieben.

Dann können Sie die Hilfslinie zu diesem zweiten Punkt drehen.

- ♦ Zur Erinnerung: wenn Sie eine Hilfslinie einmal anklicken, können Sie die Hilfslinie verschieben oder mit [Entf] löschen.

- ♦ Wenn Sie eine Hilfslinie noch einmal anklicken, erscheinen außen die Drehpfeile und in der Mitte der Drehpunkt.

- ➢ Nach dem Drehen der Hilfslinie können Sie deren Winkel in der Eigen-schaftsleiste ablesen. Sie könnten den Winkel auch auf einen geraden Wert korrigieren und das Dreieck mit dem Form-Werkzeug entsprechend anpassen.

- ➢ Anschließend beim **Text** in der **Eigenschaftsleiste** oder mittels An-ordnen-Änderungen-Drehen den gleichen **Drehwinkel** eintragen.

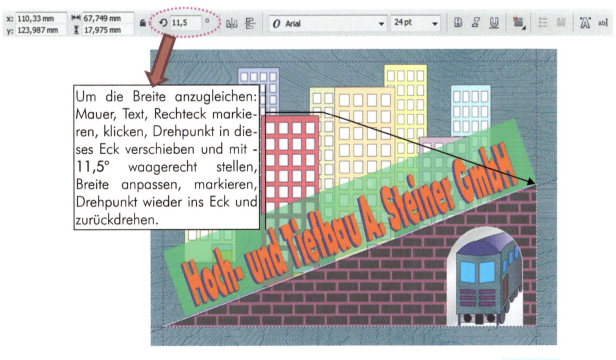

Um die Breite anzugleichen: Mauer, Text, Rechteck markie-ren, klicken, Drehpunkt in die-ses Eck verschieben und mit - 11,5° waagerecht stellen, Breite anpassen, markieren, Drehpunkt wieder ins Eck und zurückdrehen.

4.5 Der Hintergrund

Für den Hintergrund wurde ein kleiner Trick angewendet. Zum einen wurde ein Rechteck über die Seite gezogen, nach hinten gesetzt und mit einem Corel Füllmuster versehen. Welches Muster? Hier hilft nur ausprobieren, bzw. die Liste der Füllmuster in einer ruhigen Minute durchgehen.

Zusätzlich wurde ein Gitter vor diesen Hintergrund gesetzt. Das **Gitter** (Millimeterpapier) finden Sie bei dem Vieleck-Symbol, zuerst in der Eigenschaftsleiste die gewünschte Zahl an Linien vorgeben:

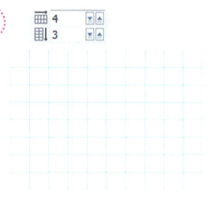

4.6 Text und Schatten

Der Text wurde nicht mit einem Schatten versehen, da es eine einfachere Möglichkeit mit meist professionellerem Ergebnis gibt. Zur Erinnerung: mit dem links abgebildeten Symbol aus dem Effekte-Menü könnten Sie einen **hinterlegten Schatten** erzeugen.

> ➤ Wir werden jedoch mit dem Menü **Anordnen-Änderungen-Position** eine leicht versetzte Kopie erzeugen.

> ➤ Tragen Sie z.B. je 1 mm bei Position ein, dann mit Kopien:1 „**zuweisen**", um eine um diesen Betrag versetzte Kopie erzeugen.

> ✎ Sie können andere Koordinaten eintragen oder ein Minus davor setzen, um die Kopie zurückzuschieben, falls die Position nicht wie gewünscht passt.

> ➤ Der Kopie eine andere **Farbe** zuweisen, fertig ist der Schatten.

Außerdem wurde ein Rechteck in Textgröße um den gleichen Winkel gedreht, gefüllt und mit dem **Transparenzwerkzeug** gleichmäßig durchschimmernd eingestellt.

Durch dieses Rechteck ist der Text besser lesbar, ohne dass der Hintergrund vollständig ausgeblendet wird.

Oben: hinterlegter Schatten
Unten: Kopie als Schatten

5. Ansicht und Objekte

Je komplizierter Zeichnungen werden, umso wichtiger ist es, den Überblick zu behalten. Hier gibt es einige Methoden. Eine praktische:

♦ Zeichnen Sie Einzelteile in **separaten Zeichnungen** oder am Rand einer großen Zeichnung.

    ↳ Erst wenn das Einzelteil fertig gestellt ist, wird dieses **gruppiert** und kann dann als eine Gruppe leichter in die große Zeichnung integriert und später geändert werden.

    ↳ Für spätere Änderungen dieses Teil wieder herausschieben, Gruppierung aufheben, ändern, gruppieren und zurückschieben.

5.1 Der Ansicht-Manager

♦ Im **Ansicht-Manager** können Sie verschiedene vergrößerte Darstellungen abspeichern und damit von Teil X zu Teil Y springen.

Mit **Extras-Ansicht-Manager** oder der Tastaturabkürzung **[Strg]-F2** können Sie das Fenster des Ansicht-Managers einblenden.

Der Ansicht-Manager ist einfach zu bedienen:

Die aktuelle Ansicht können Sie mit dem „+" **speichern**. Mit dem „–„ können dementsprechend gespeicherte Ansichten **gelöscht** werden.

Wie bei **Zoom**:
vergrößern, verkleinern, alle Objekte, markierte Objekte.

Vergeben Sie passende Namen für die Ansichten: zum **Umbenennen** wie im Windows üblich anklicken, warten, noch einmal anklicken und Namen überschreiben.
Anklicken, um eine Ansicht aufzurufen.

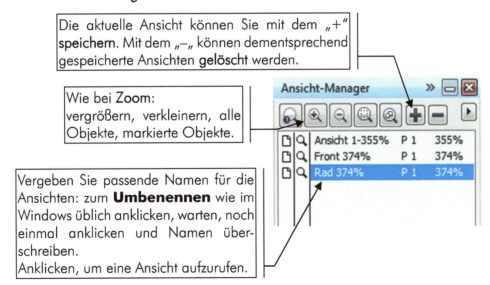

Diese Zoom-Einstellungen werden in der aktuellen Zeichnung mitgespeichert, so dass die Zoomstufen auch später benutzbar sind. Praktisch bei großen, unübersichtlichen Projekten.

5.2 Der Objekt-Manager

Der **Objekt-Manager** ist nur bei aufwendigen Zeichnungen sinnvoll.

♦ Im **Objekt-Manager** (auch bei Extras) könnten Sie verschiedene Zeichnungsebenen erstellen und ggf. einige Ebenen ausblenden oder nur bestimmte Ebenen ausdrucken.

☙ Sie können **neue Ebenen** oder Hauptebenen ergänzen, z.B. Karosserie, Motor, Hintergrund, Menschen, Text, Bemaßungen usw.

♦ Im **Objektdaten-Manager** (auch bei Extras) können Namen, Preise und Kommentare zu Elementen eingegeben werden, was z.B. bei Stücklisten eine Preiskalkulation ermöglicht.

Am Beispiel der Optiker-Anzeige:

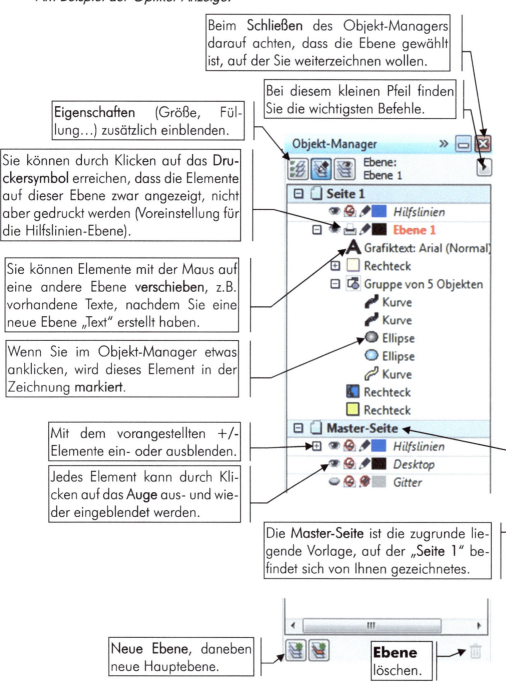

Beim **Schließen** des Objekt-Managers darauf achten, dass die Ebene gewählt ist, auf der Sie weiterzeichnen wollen.

Bei diesem kleinen Pfeil finden Sie die wichtigsten Befehle.

Eigenschaften (Größe, Füllung...) zusätzlich einblenden.

Sie können durch Klicken auf das **Druckersymbol** erreichen, dass die Elemente auf dieser Ebene zwar angezeigt, nicht aber gedruckt werden (Voreinstellung für die Hilfslinien-Ebene).

Sie können Elemente mit der Maus auf eine andere Ebene **verschieben**, z.B. vorhandene Texte, nachdem Sie eine neue Ebene „Text" erstellt haben.

Wenn Sie im Objekt-Manager etwas anklicken, wird dieses Element in der Zeichnung **markiert**.

Mit dem vorangestellten +/- Elemente ein- oder ausblenden.

Jedes Element kann durch Klicken auf das **Auge** aus- und wieder eingeblendet werden.

Die **Master-Seite** ist die zugrunde liegende Vorlage, auf der „Seite 1" befindet sich von Ihnen gezeichnetes.

Neue Ebene, daneben neue Hauptebene.

Ebene löschen.

Zweiter Teil

Text

Text und Druck,
Objekte umformen

———————

6. Ein Veranstaltungsplakat

Sie kennen schon die Textverarbeitung aus dem ersten Band zu CorelDRAW, auch die Unterschiede zwischen dem Grafik- und Mengentext.

6.1 Text im Corel

Eine kurze Wiederholung mit allem wesentlichen:

- ◆ Wenn Sie mit dem Textwerkzeug in der Zeichnung klicken und losschreiben, haben Sie **Grafiktext**.
  - ✎ Grafiktext können Sie mit der Maus anfassen, verschieben oder in der Größe ändern.
- ◆ Wenn Sie stattdessen mit dem Textwerkzeug einen Rahmen ziehen, so ist dies ein **Mengentextrahmen**.
  - ✎ Mit diesem Mengentextrahmen haben Sie sozusagen ein kleines Textprogramm in Ihrer Zeichnung gestartet.
  - ✎ Sie können den Text zwar nicht mehr mit der Maus umformen, dafür stehen alle Optionen eines guten Textprogramms zur Verfügung, z.B. Blocksatz und Silbentrennung.
- ◆ Die dritte wichtige Option für Text bestand darin, **Sonderzeichen** aus den Spezialschriften einzufügen. Das geht mit **Text-Symbolzeichen einfügen** oder [Strg]-F11 (s. S. 24).
- ◆ Wichtig! Im **Photo-Paint** sollten Sie möglichst keinen Text schreiben. Photo-Paint ist nur zur Fotobearbeitung, Text würde ebenfalls zu einem Pixelbild umgewandelt.
  - ✎ Immer nur die Fotos im Photo-Paint vorbereiten und dann das Projekt im CorelDRAW mit Text, Hintergrund, Bildern und ClipArts fertig stellen.
  - ✎ Sehr kurze Texte, Überschriften oder der Name des Fotografen, können natürlich auch im Photo-Paint ergänzt werden.

Wir wollen ein Plakat im **DIN A2-Format** entwerfen, das anschließend in geringen Stückzahlen auf einem Rollenplotter ausgedruckt werden kann.

Notizen: ....

....

....

6.2 Ein Rahmen

Da wir bei einem Plakat bereits umfangreiche Vorüberlegungen auf Papier erstellt haben, können wir gleich mit dem Hintergrund beginnen. Der Text, der abschließend ergänzt wird, wurde ebenfalls bereits erarbeitet.

Bei dem Hintergrund wollen wir einen interessanten und oft passenden Effekt verwenden, indem wir einen Rahmen um das Plakat erstellen.

> Neue Zeichnung, **DIN A2 Hochformat**, **Gitter** alle 5 mm,

> dann ein **Rechteck** als Hintergrund zeichnen und mit dem **Linienwerkzeug** eine innen liegende gezackte Kontur (Gitter abschalten).

> Beide Elemente **kombinieren** und dann z.B. mit einem radialen Farbverlauf, frei eingestellt mit vielen Farbtönen, füllen.

Als Hintergrund entweder ein **weiteres** Rechteck passend füllen und nach hinten setzen

oder ein **Bild** verwenden, z.B. aus dem Internet, indem Sie bei der Bildersuche nach „flughafen vogelperspektive" suchen.

Derartige Rahmen können Sie vielfältig einsetzen, z.B. für einen ganz normalen Bilderrahmen oder um mittels einem weiß eingestellten Rahmen das Bild ausgefranst wirken zu lassen. Für verschiedene Entwürfe können **Kopien** im aktuellen Bild erstellt werden:

Ein weißer Rahmen läßt das Bild wie ausgefranst erscheinen.

Hier wurden mit dem Form-Werkzeug viele Zacken gelöscht.

6.3 Text als Kopie

Jetzt werden wir den Text ergänzen. Das Ganze soll ein Plakat für ein **Open-Air-Konzert** am Flughafen werden.

➢ Schreiben Sie z.B. folgenden Text, zuerst natürlich wegen dem großen Papierformat auch eine **große Schrift** wählen,

➢ dann außen im Rand den Text schreiben, anschließend eine **Kopie** in die Zeichnung einpassen.

POP-ART

Open-Air

mit

-DrumTotal
-After Ende
-The Machines
-Die Neutrinos
-Die Hinterhofjungen
-Robotrop
u.a.

Am alten Flughafen
Samstag, den 11. 8.2010
ab 10 Uhr morgens
bis 10 Uhr abends
Eintritt ERwAchsene: 10 €
Kinder: 4 €

Mit einem Markierungsrahmen alle Texte markieren und schon einmal eine passende Schriftart wählen.

Text neu schreiben ist lästig. Darum empfiehlt es sich, eine **Kopie** im Seitenrand aufbewahren, denn viele Umformungen und Effekte lassen sich nur schwer rückgängig machen.

6.4 Voreinstellungen ändern

Wenn Sie bei einem Satzstudio für Plakate zuständig wären und meistens im DIN A1-Format arbeiten, wäre es unnötig, jedes Mal die Voreinstellungen zu ändern.

◆ Wenn **nichts markiert** ist (im leeren Bereich klicken) und Sie etwas ändern, z.B. das Papierformat einstellen, eine andere Schriftgröße oder Farbe wählen, können Sie dies als neue **Voreinstellung** festlegen.

✎ Nur wenn beabsichtigt, das Fragemenü mit Ja bestätigen.

◆ Einstellungen in der aktuellen Zeichnung (nicht das gezeichnete selbst) können Sie generell mit dem Befehl „**Extras-Als Standard speichern**", auch das eingestellte Papierformat und die Gitteroptionen.

!!! Achtung! Wird ohne Fragefenster durchgeführt!!! Rückgängig nicht möglich !!! Müsste manuell rückgeändert werden.

✎ Bei **Extras-Optionen** unter dem Punkt „**Dokument**" können Sie nur die gewünschten Optionen, z.B. das aktuell eingestellte Papierformat, als Voreinstellung für alle neuen Zeichnungen übernehmen.

6.5 Transparenzbereich mit Verschmelzen

Das **Foto** würde den Text zu stark in den Hintergrund drängen. Darum wollen wir den Text mit einem nur **leicht transparenten Rahmen** versehen, der das Hintergrundbild etwas dämpft und so den Text mehr in den Vordergrund rückt.

> Zeichnen Sie hierfür drei Rechtecke, die sich überlappen, jeweils etwas größer als der Text.

> Dann diese drei Rechtecke markieren und mit **Anordnen-Formen-Verschmelzen** zu einem Element zusammenführen.

> Für die Rechtecke eine **Füllfarbe** wählen, diese aber **transparent** einstellen, dann hinter den Text anordnen: Anordnen-Anordnung-hinter und dann den Text anklicken.

Ggf. die Rahmen mit dem Form-Werkzeug wie abgebildet umformen.

6.6 Schnittmenge, Zuschneiden, Verschmelzen

> Zwei Objekte überlappend zeichnen, beide markieren und die gewünschte Funktion wählen, z.B. **Anordnen-Formen-...**.

Originale:	Schnittmenge:	Verschmelzen:	Zuschneiden:, Vereinfachen

♦ **Begrenzung** = Rahmenlinie wird erstellt.

♦ Bei **Fenster-Andockfenster-Formen** finden Sie ein Menü wie bei älteren Corel-Versionen, in denen auch Quell- und Zielobjekt angekreuzt werden kann.

    ✎ **Quellobjekt:** das markierte bleibt erhalten, **Zielobjekt:** das zweite Element bleibt erhalten, **beides ankreuzen**: eine Kopie wird bei unveränderten Originalen erstellt.

6.7 Aufhellen

Wenn Sie den Hintergrund für den Textbereich aufhellen möchten, gibt es noch folgende Möglichkeiten:

- ♦ Sie können mit **Effekte-Anpassen-Helligkeit, Kontrast und Intensität** das Hintergrundbild aufhellen oder mit geringerer Intensität versehen.

- ♦ Sie könnten dem **Umriss** zum Aufhellen den Effekt **Linse** zuweisen, da Sie bei einer Linse nicht nur vergrößern, sondern diesen Bereich auch aufhellen oder mit anderen Effekten versehen können.

6.8 Die Linse

➢ Zuerst das **Objekt** (im Beispiel den zusammengeschmolzenen Rahmen) markieren, dann **Effekte-Linse** aufrufen.

Das Andock-Fenster Linse öffnet sich:

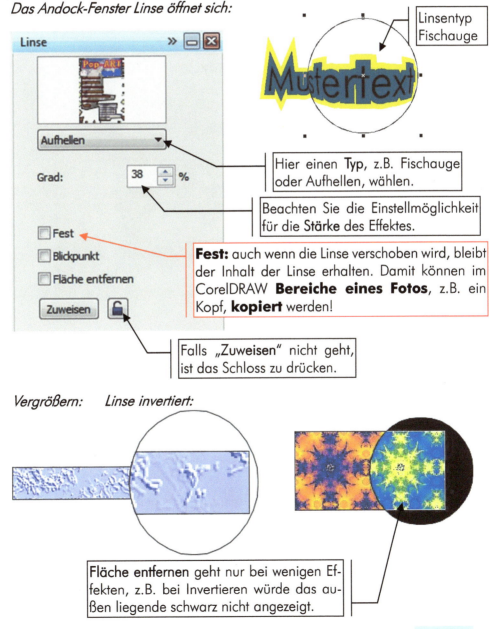

Linsentyp Fischauge

Hier einen **Typ**, z.B. Fischauge oder Aufhellen, wählen.

Beachten Sie die Einstellmöglichkeit für die **Stärke** des Effektes.

Fest: auch wenn die Linse verschoben wird, bleibt der Inhalt der Linse erhalten. Damit können im CorelDRAW **Bereiche eines Fotos**, z.B. ein Kopf, **kopiert** werden!

Falls „Zuweisen" nicht geht, ist das Schloss zu drücken.

Vergrößern: Linse invertiert:

Fläche entfernen geht nur bei wenigen Effekten, z.B. bei Invertieren würde das außen liegende schwarz nicht angezeigt.

Das Ergebnis mit dem Linsentyp „Aufhellen":

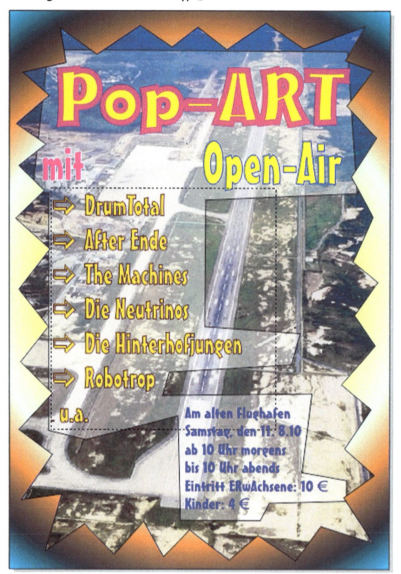

Zusammenfassung:

> Bildbereiche können mit kombinierten Rahmenlinien maskiert und dann mit **Effekten** bearbeitet werden.

> Falls zu viele Elemente das Markieren erschweren, würde es sich anbieten, diese auf verschiedenen **Ebenen** zu zeichnen, z.B. Ebene Text, Rahmen und Hintergrund.

> Sie können den verschmolzenen Umriss weiterhin mit dem **Form-Werkzeug** bearbeiten, umformen, neue Punkte durch Doppelklicken setzen oder Kurvenpunkte löschen.

    ↳ Damit wurde der Rahmen an die Textform angepasst.

> Die **Umrisslinie** am besten abschalten (markieren, dann rechts oben in der Farbpalette mit der rechten Maustaste auf das X klicken).

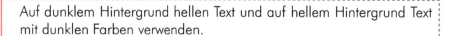
Auf dunklem Hintergrund hellen Text und auf hellem Hintergrund Text mit dunklen Farben verwenden.

6.9 Eine Aufzählung

Für die Aufzählung der Musikgruppen wäre ein Aufzählungszeichen, auch Blickfangpunkt oder Bullet genannt, schön. Das ist im CorelDRAW nicht ganz so einfach einzustellen.

6.10 In Mengentext umwandeln

Blickfangpunkte können nur für Mengentext eingestellt werden. Also müssen wir den Grafiktext in Mengentext umwandeln.

> ➢ Auf dem Text die **rechte Maustaste**, dann „**in Mengentext konvertieren**" wählen.

Damit wir den Überblick besser behalten, am besten die **Steuerzeichen** für den Text sichtbar machen, damit wir z.B. erkennen können, ob am Zeilenende Return für einen neuen Absatz oder eine neue Zeile ([Umschalt]-[Return]) eingestellt ist:

> ➢ **Text markieren,** dann **Text-Nichtdruckbare Zeichen** einschalten (werden nur angezeigt, wenn Text markiert ist).

> ✎ Damit wir einen Blickfangpunkt setzen können, der immer für einen Absatz gilt, ist am Zeilenende **Return** für einen **neuen Absatz** zu drücken.

> ➢ Dann Text markieren, entweder alle Absätze der Aufzählung mit dem Textwerkzeug A oder den ganzen Mengentextrahmen mit dem Auswahlpfeil.

> ✎ Das Symbol schaltet einen Blickfangpunkt ein- oder aus, bei **Text-Blickfangpunkte** können Sie ein Aufzählungszeichen auswählen.

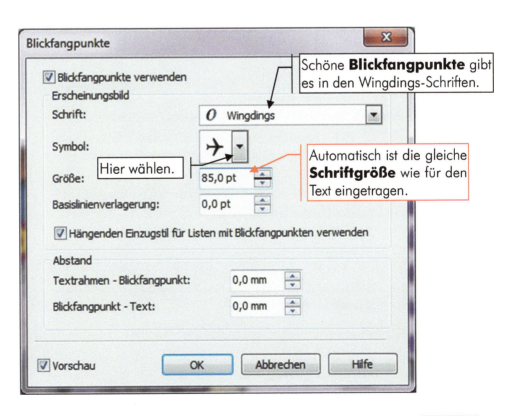

- Sie könnten den Blickfangpunkt auch mit etwas kleinerer Schriftgröße versehen und dann bei „**Basislinienverlagerung**" etwas nach oben schieben, damit der Punkt in Zeilenmitte liegt.

- Der „**Hängende Einzug**" macht sich erst bei mehreren Zeilen pro Absatz bemerkbar. Die weiteren Zeilen werden dann eingerückt, nur das Aufzählungszeichen steht ganz links.

Das Ergebnis:

6.11 Wesentliche Neuerungen:

- ab CorelDRAW 7: Transparenz-Effekte;
- ab CorelDRAW 9: hinterlegte Schatten wie in Adobe Illustrator;
- ab CorelDRAW 10: AutoFormen wie in MS Office (Sterne, Pfeile ...) und Umwandlung in HTML, pdf; Design-Umstellung: immer mehr zu **Fenster-Andockfenster**, Grafikeffekte aus Photo-Paint im Draw.
- Ab CorelDRAW X5 wurde **Connect** eingeführt, in dem ClipArts und Fotos betrachtet und ausgewählt werden können.
- CorelDRAW X6: im Connect können zahlreiche ClipArts und Fotos online betrachtet und ausgewählt werden.
    - Eine **Mitgliedschaft** bei Corel ist erforderlich, die Standardmitgliedschaft ist kostenlos, doch können die meisten Fotos nur mit Corel-Logo heruntergeladen werden.
    - Ohne Mitgliedschaft können auch keine Updates heruntergeladen werden.

Eine umfangreiche Zusammenstellung der Versionsunterschiede finden Sie im Internet bei www.corel.de

7. Ein Firmenlogo – Umzeichnen

Im ersten Band zu CorelDRAW wurde ausführlich behandelt, wie Sie mit dem **Form-Werkzeug** Objekte mit Kurvenlinien zeichnen können. Aber auch vorhandene Objekte können Sie beliebig umzeichnen und damit bereits existierende Zeichnungen, ClipArts oder Text vielfältiger nutzen.

- Gezeichnete **ClipArts** sind mit den gleichen Zeichentechniken erstellt, d.h. mehrere Elemente wurden entweder kombiniert oder gruppiert.
  - ✎ Dementsprechend können Sie die Elemente durch „Kombination aufheben" oder „Gruppierung aufheben" wieder trennen und umzeichnen oder Teile kopieren und in eigene Zeichnungen einfügen.

- Mit **anderen Zeichnungen** können Sie genauso verfahren, wenn Sie z.B. eine Zeichnung eines Kollegen weiter verwenden möchten oder ein Objekt aus dem Internet oder eine CorelDRAW-Beispielzeichnung.
  - ✎ Dabei sollten Sie natürlich auf **Copyrights** achten oder ggf. die Erlaubnis des Urhebers schriftlich einholen.
  - ✎ **Aufwändige Zeichnungen** bestehen aus vielen Einzelteilen, die meist zu zahlreichen Objekten gruppiert oder kombiniert sind. Oft ist deshalb mehrmals eine Gruppierung oder Kombination aufzuheben. Nützlich ist es hierbei, die einzelnen Gruppen nach außen zu verschieben, bis Sie einen Überblick haben.

- Selbst **Text** können Sie umzeichnen, was für viele Firmenlogos erforderlich ist, damit der charakteristische Schriftzug entsteht.
  - ✎ Text und viele Zeichenobjekte aus anderen Programmen können mit dem Befehl **Anordnen-in Kurven konvertieren** in einzelne Linien und Kurven zerlegt werden.

[Strg]-Q

  - ✎ Natürlich ist Text danach kein Text mehr, so dass z.B. die Schriftart oder -größe nicht mehr geändert werden kann. Darum immer an einer Kopie durchführen.

In diesem Kapitel werden wir uns mit allem erforderlichen befassen, um Text, Zeichnungen oder Objekte umzuzeichnen. Das erspart einerseits viel Arbeit, andererseits ermöglicht es viele neue Anwendungsgebiete, etwa indem Text total modifiziert wird.

Im **Photo-Paint** sind andere Effekte für Text möglich als im CorelDRAW, die im ersten Band zu Corel Photo-Paint beschrieben wurden. Von der Verwendung für Firmenlogos ist jedoch abzuraten, da Pixelbilder immer mit unscharfen Rändern verbunden sind, die bei perfekter Druckqualität zu Tage treten.

7.1 Farben und Voreinstellungen

Wenn Sie ein bereits existierendes Firmenlogo nachzeichnen oder ein neues entwerfen, sind folgende Ratschläge hilfreich, damit das Logo sich jederzeit exakt reproduzieren lässt. Das ist äußerst wichtig, damit die Firma immer mit dem gleichen Logo und dem gleichen Farbton identifiziert wird, was unter dem Schlagwort „Corporate Identity" zusammengefasst ist.

- ♦ Damit der Farbton bei dem gedruckten Firmenlogo auf Briefpapier und auf den Visitenkarten oder einem Werbeprospekt immer exakt gleich ist, werden Farben aus den genormten **Farbpaletten** verwendet, im Druckereigewerbe meist aus der Palette **Pantone**.
  - ↳ Die verwendeten Farbtöne der Druckerei mitteilen (Palettenname und Farbnummer).
  - ↳ Bei bereits existierenden Logos vor dem Nachdruck nach den Farbbezeichnungen erkundigen.

7.2 Textentwürfe

Für ein neues Firmenlogo werden wir zuerst einige Variationen für den Text entwerfen.

- ♦ Die Schriftart sollte zu dem Image der Firma passen, fast immer sind seriöse, geradlinige Schriften vorzuziehen und es sollte immer die **gleiche Schrift** mit identischer Anordnung verwendet werden.

Probieren Sie einige Variationen:

Kapitälchen oder **Großbuchstaben** sind oft passend, die Sie bei „Text-Zeichenformatierung" bei Zeicheneffekte - Großschrift einstellen können.

Solch eine Schrift würde z.B. für eine Schreibwaren- oder Briefpapier-Firma passen.

Ergänzen Sie überall einen **Hintergrund** und experimentieren Sie mit den Farben und der Anordnung z.B. für GmbH:

7.3 Hintergrund variieren

Wenn Text, Schriftart und -farbe halbwegs ermittelt sind, können wir die bei Firmenlogos typischen i-Tüpfelchen einbauen, z.B. den Text streifenweise ausblenden oder Ecken weg brechen.

Das geht noch einfach. Das Rechteck wurde kopiert, damit der Farbton identisch ist, ganz schmal eingestellt und wie eine Linie über den Text gelegt:

Sehr schön ist auch ein Farbwechsel:

Wie lässt sich das einstellen?

> ➢ Das Rechteck wurde bei aktiviertem Gitter verkleinert, dann **kopiert**. Dann kann die untere und obere Hälfte anders gefüllt werden.

> ➢ Bei dem Text wird es schwieriger. Diesem wurde eine **Farbverlaufsfüllung** zugewiesen, wobei die **Anzahl der Streifen auf 2** reduziert wurde.

>> ✎ Natürlich hätten Sie auch dem Rechteck die gleiche Farbverlaufsfüllung zuweisen können, nur um 180° gedreht.

7.4 Text zuschneiden

Wenn Sie einen nicht mehr einfarbigen Hintergrund haben, wird es schwieriger, den Text stellenweise auszublenden. Dann muss der Text tatsächlich abgeschnitten werden, indem wir diesen mit einem Rechteck verschmelzen:

> ➢ Zeichnen Sie zwei Rechtecke über die halbe Texthöhe:

Damit der Text noch einmal mit dem unteren Rechteck verschmolzen werden kann, ist **Quellobjekt** anzukreuzen, was nur im Menü **Fenster-Andockfenster-Formen** (s. S. 40) möglich ist.

> ♦ Zuerst den Text markieren und die **Schnittmenge** mit dem oberen Rechteck bilden, danach noch einmal mit dem unteren Rechteck.

Zwei Texthälften bleiben übrig, die anschließend beliebig farbig gefüllt werden könnten.

Bei der nächsten Variante wurden die drei Texte (oberer und unterer Teil sowie GmbH) gruppiert, dann mit dem Effekt Linse-Invertieren belegt sowie ein hinterlegter Schatten „Großes Leuchten zugewiesen".

7.5 Text umzeichnen

Oft sollen die Buchstaben verändert werden. Mit dem Form-Werkzeug können Sie den Abstand ändern.

Wenn Sie den Text mit **Anordnen-in Kurven konvertieren** behandeln, haben Sie zwar keinen Text mehr, so dass sich der Text oder die Schriftart nicht mehr ändern lässt, dafür aber Linien und Kurven, die dementsprechend verformt werden können, links wurde das Z verlängert:

Mit dem Effekt **Verzerrung,** wobei GmbH wegen der Lesbarkeit vorübergehend weggeschoben wurde:

7.6 ClipArts umzeichnen

Probieren Sie dieses Logo:

Anleitung:

➢ Den Hintergrund malen wir einfach selbst: ein Rechteck im CorelDRAW mit einer feinen Kontur (0,1mm, fünf Stufen nach innen).

➢ Die Klaviertasten finden Sie auf der Corel DVD im Ordner Extras\Content\Custom Date\Tiles. Oder ein Klaviertastenfoto aus dem Internet verwenden.

    ✎ Die Datei **piano_1.cpt** aus dem Windows Explorer in die CorelDRAW-Zeichnung hinüberziehen.

    ✎ Bei starker Vergrößerung im Eck links oben einpassen, dann bei gedrückter Umschalt-Taste eine Kopie nach rechts verschieben und andocken – so weiter bis zum Ende mit **Kopien** pflastern.

    ✎ Das letzte Stück ragt über den Rahmen hinaus, mit dem **Form-Werkzeug** passend abschneiden.

➢ Text schreiben, Schriftart wählen und dann „**erzwungenen Blocksatz**" einschalten – damit wird auch die letzte Zeile des Absatzes auf die Textbreite ausgedehnt.

➢ Abschließend den Text, da die Tastatur oben diesen zu unleserlich macht, mit einem **Farbverlauf** (90° gedreht, zwei Farben) füllen, Linie breiter einstellen sowie einen **hinterlegten Schatten** „kleines Leuchten" mit Schattenfarbe schwarz, damit der Text fast räumlich wirkt.

➢ Die **Violine** finden Sie in dem Ordner **Objects\Misc** (oder aus dem Web). Die Violine wurde aus einen Foto herausgeschnitten und separat gespeichert, die Umarbeitung, daher im Photo-Paint, folgt.

7.7 Foto bearbeiten

Wir wollen ausprobieren, wie es mit einer Violine ohne Notenblatt und Bogen aussehen würde. Da die Violine aus einem echten Foto herausgeschnitten (freigestellt) wurde, müssen wir zu Corel Photo-Paint wechseln.

In Photo-Paint übernehmen:

➢ Die Violine in CorelDRAW hinüberziehen und dort darauf die **rechte Maustaste** drücken, dann „**Bitmap Bearbeiten**" wählen.

✎ **Corel Photo-Paint** wird gestartet. Dort das Foto auf Vollbild einstellen und vergrößern.

Bild teilweise wegradieren:

➢ Da die Violine mit Bogen und Notenblatt bereits ein vom Hintergrund gelöstes Objekt ist, geht es am schnellsten, mit dem **Radierer** das Notenblatt und dem Bogen wegzuradieren.

✎ Zuerst mit **großen, runden und scharfen Radierer** alles grob wegradieren (tupfen), dann vergrößern und mit kleinerem Radierer arbeiten, am besten immer mit scharfem Rand ohne Transparenz. Am Hals ist ein rechteckiger Radierer optimal.

✎ Wenn Sie zu viel radiert haben sollten, **rückgängig** drücken.

Ergebnis neu speichern und in Corel übernehmen:

➢ Wenn fertig, auf der Festplatte als eigenes Objekt in einen passenden Ordner, z.B. **Fotos\Objekte\Musik** speichern.

✎ So können Sie sich mit der Zeit eine immer größer werdende **Objektsammlung** erstellen.

➢ Abschließend kopieren und in CorelDRAW erneut einfügen.

Falls beim Übernehmen aus oder in ein anderes Programm ein **Hintergrund** ergänzt wird, ist dieser einfarbig, so dass der Hintergrund mit der Farbmaske ausgeblendet werden kann.

Hintergrund ausblenden:

➢ **Bitmaps-Bitmap Farbmaske** wählen und mit der **Pipette** die Hintergrundfarben aufnehmen.

✎ Geht dies nicht, zuerst **Bitmap-in Bitmap konvertieren** wählen, dann erneut die Farbe aufnehmen und **zuweisen** drücken.

➢ Ggf. noch eine **zweite Farbe** aufnehmen oder im Photo-Paint noch besser radieren.

Solch eine Farbmaste oder eine Pipette zum Ausblenden von Farben gibt es in fast jedem Programm.

7.8 Unterschneidung

Je größer der Text oder je besser die Druckqualität ist, umso wichtiger ist die **Unterschneidung**, engl.: **Kerning**. Das ist ein Standard bei allen Drucksachen, der folgendes optisches Problem behebt:

Jeder Buchstabe hat bei Proportionalschriften eine optimale Breite, ein i braucht viel weniger Platz als ein m. Wenn aber z.B. auf ein großgeschriebenes V oder T ein kleingeschriebener Buchstabe folgt, entsteht der Eindruck, als ob ein größerer Abstand, eine Lücke, vorhanden wäre. Der Grund liegt darin, dass das große T oder V die Breite nur oben beansprucht, unten ist mehr Platz.

Um diesen Effekt zu beseitigen, wird bei Computersatz- oder Textprogrammen die Unterschneidung eingeschaltet, dann werden kleine Buchstaben etwas unter ein großes V oder T geschoben.

Im Corel ist eine leichte Unterschneidung voreingestellt, die jedoch besonders bei großem Plakattext nicht ausreicht.

Folgendermaßen können Sie die Unterschneidung von Hand korrigieren, bis alle Buchstaben den gleichen Abstand zu haben scheinen:

➢ Markieren Sie die zwei Buchstaben, z.B. „**Ve**", mit dem Textwerkzeug,

➢ dann **Text-Zeichenformatierung** wählen und bei „**Unterschneidung**" (Zeichen) einen passenden negativen Wert einstellen.

   ☞ Der richtige Wert kann leider nur durch **Ausprobieren** bei starker Vergrößerung ermittelt werden, da dies von der Schrift und Schriftgröße abhängt. Negative Werte rücken die Buchstaben zusammen.

◆ Bei ganz großer Schrift, z.B. der Überschrift eines Plakates, kann auch die im ersten Band besprochene Möglichkeit benutzt werden, einzelne Buchstaben mit dem **Form-Werkzeug** zu verschieben.

◆ Hierbei ist es hilfreich, dass bei gedrückter [Strg]-Taste nur waagerecht verschoben werden kann.

Eine kleinere Variante ohne die Violine und ohne Großbuchstaben. Bei starker Vergrößerung die Unterscheidung für Ve optimal einstellen.

Im Gegensatz zu den Proportionalschriften, bei denen der Buchstabenabstand optimal auf die Buchstabenbreite angepasst ist, gibt es nichtproportionale Schriften (**Festbreitenschrift**) mit gleichem Abstand für jeden Buchstaben, die z.B. für Datenbankanwendungen oder Formulare besser geeignet sind, damit die Buchstaben immer untereinander stehen.

7.9 Stücke weg brechen

Text auf eine bestimmte Art zu modifizieren ist ein oft verwendeter Effekt, um ein individuelles Firmenlogo zu erreichen.

Probieren Sie folgendes Logo:

> ➢ Text schreiben, Rechteck zeichnen und anordnen.

> ➢ Ein kleines Rechteck zeichnen, markieren und **Fenster-Andockfenster-Formen**, dann im Menü Quell- und Zielobjekt abschalten und **Zuschneiden**, als Objekt den Text wählen.

7.10 Exportieren

Einmal erstellte Firmenlogos sollten auch in anderen Programmen, z.B. als Briefpapier-Ersatz in einem Textprogramm, verwendbar sein. Dann bietet sich die Umwandlung in ein Standard-Vektorformat an wie etwa in eine „Windows Meta File"-Datei (**wmf**).

wmf

Sie sollten möglichst nicht in ein Fotoformat wie JPG oder TIF umwandeln, da dies einen Qualitätsverlust bedeuten würde.

> ➢ Markieren Sie die gewünschten Objekte, dann **Datei-Speichern unter** oder **-Exportieren** und bei Dateityp das gewünschte Format wählen.

> ↳ Wenn nicht die ganze Zeichnung umgewandelt werden soll, unbedingt „**nur markierte Objekte**" ankreuzen.

> ↳ Eine Frage erscheint noch: „**Text exportieren als**" Text oder Kurven. Mit letzterem wird das Objekt größer, dafür muss die verwendete Schrift nicht auf dem Rechner installiert sein.

Standardformate sind **wmf** oder **emf**, auch in das Adobe Illustrator Format (**ai**) kann exportiert werden, jedoch ist mit Umwandlungsfehlern bei schwierigen Objekten zu rechnen.

7.11 Logos scannen

Oft liegen Firmenlogos ausgedruckt vor oder wurden einem Projekt mitgegeben. Es ist wegen der erforderlichen hohen Qualität davon abzuraten, diese lediglich zu scannen.

Fordern Sie entweder Vektor-Dateien (wmf, emf, ai, cdr, dwg usw.) an oder zeichnen Sie mit folgendem Trick die Logos sauber im CorelDRAW nach:

> ◆ **Vorlage** zuerst **scannen**, dann dieses Bild im CorelDRAW importieren und als Zeichenvorlage verwenden.

> ◆ Objekte mit ähnlicher Schrift und Farbe **nachzeichnen**.

Da fast nie eine exakt identische Schrift zu finden ist und auch die Farben nicht hundertprozentig reproduziert werden können, ist es besser, Original-Vektor-Vorlagen, Postscript-Schriften und die Farben der genormten Farbpaletten zu verwenden.

8. Titel entwerfen

Sie kennen schon die Textverarbeitung aus dem ersten Band zu CorelDRAW. Jetzt vertiefen wir den Mengentext um folgende Optionen: wie Textrahmen verknüpft werden, wie Text um eine Grafik herum fließen kann und wie Texte eingestellt werden können, ohne alles in Handarbeit zu erledigen – vor allem bei längeren Texten eine Hilfe.

8.1 Eigene Vorlage

Wir wollen ein Informationsblatt mit zweispaltigem Text und einigen Grafiken erstellen. Um möglichst viel zu lernen, verwenden wir keine vorgefertigte Vorlage, sondern beginnen wir ganz von vorne.

> ➢ Neue Datei, DIN A4 hoch, dann **Gitter** auf je 5 mm einstellen.
>
> ➢ Jetzt lassen sich sehr schnell **Hilfslinien** als Seitenrandbegrenzung und in der Mitte als Spaltenbegrenzung in die Zeichnung ziehen.
>
> ➢ Am oberen Rand den **Kopfzeilenbereich** ebenfalls mit Hilfslinien kennzeichnen.

Ohne diesen Trick mit dem Gitter könnten Sie das **Hilfslinien-Menü** benutzen, da dort die Koordinaten für Hilfslinien eingeben werden können (auf einer Hilfslinie doppelklicken oder auf dem Lineal die rechte Maustaste).

> Es gilt im CorelDRAW, da wir ein Grafik- und kein Textprogramm haben, dass **Hilfslinien** die Seitenränder und Spalten ersetzen.

Wenn Sie sich später sicher sind, dass Sie öfter Arbeiten in diesem Format erstellen wollen, ist die einfachste Methode, die letzte Arbeit zu öffnen und mit **Speichern unter** neu abzuspeichern, z.B. als Info-2010-09-13.

cdt

Natürlich könnten Sie auch als **CorelDRAW-Vorlage (cdt)** *speichern. Die Methode, die letzte Arbeit zu öffnen, bietet jedoch folgende Vorteile:*

> ◆ die letzte Arbeit ist immer auf dem aktuellsten Stand, denn Änderungen, z.B. eine andere bevorzugte Schrift, sind die Regel.
>
> ◆ Viele gezeichnete Elemente können möglicherweise weiterverwendet werden, ggf. leicht umgezeichnet. Wenn nicht, geht löschen ganz einfach.

8.2 Text bündig ausrichten

Wir wollen eine Kopfzeile mit dem Titel erstellen. Es tritt im CorelDRAW immer wieder folgendes Problem auf:

Der Text soll exakt oben und unten bündig abschließen.

♦ Wenn Text bündig abschließen soll, wäre das theoretisch ganz einfach: Hilfslinien für die Ränder setzen und den Text mit der Maus bis zu den Hilfslinien ziehen.

✋ Leider springt der Text beim Verbreitern nicht zu den Gitterpunkten, so dass kein exaktes Anpassen mit der Maus möglich ist.

Das kann leider nur in Handarbeit korrigiert werden:

➢ Am besten beide Wörter „**AERO PLANE**" getrennt schreiben, um 90° drehen, **stark vergrößern** und mit der Maus ungefähr einpassen:

✋ zuerst den ersten Text oben und unten einpassen, Schriftgröße auf einen geraden Wert korrigieren, dann nur die Breite bis zu den Hilfslinien ausdehnen,

✋ zweiten Text die gleiche Schriftgröße zuweisen und dann ebenso nur oben und unten andocken.

➢ Hier haben wir z.B. durch die Hilfslinien eine Kopfzeilenhöhe von 35mm vorgegeben. Also bei den **Koordinaten** die Texthöhe auf 35,0 korrigieren und die Position exakt angeben:

✋ Es wird von dem Textmittelpunkt gerechnet, daher 35 : 2=17,5, die untere Hilfslinie ist bei 250 + 17,5 = 267,5 eintragen.

Für beide Texte die Koordinaten korrigieren, damit sind diese exakt angeordnet.

Auf die rechte Seite der Kopfzeile soll nun noch ein **Logo**. Natürlich könnten wir uns bei den beigegebenen ClipArts bedienen, doch wenn bei professioneller Anwendung eine Idee verwirklicht werden soll, ist meist nichts Passendes zu finden.

Außerdem ist es eine gute Übung, so dass wir einen **Propeller** neu zeichnen. Die dabei angewendeten Zeichentechniken können Sie immer wieder verwenden.

8.3 Objekte verändern

Hier im Buch wurden wie in der Praxis die meisten Aktionen mit der Maus durchgeführt. Manchmal ist es jedoch gewünscht, ganz genau zu arbeiten, z.B. ein Objekt um 50 mm versetzt zu kopieren.

*Für präzise Änderungen über die Koordinateneingabe finden Sie im Andock-Fenster **Anordnen-Änderungen** folgende Möglichkeiten:*

- ◆ **Position**: Objekte gezielt verschieben.
- ◆ **Drehen**: Objekte mit genauen Winkelangaben drehen.
- ◆ **Skalieren und Spiegeln**: Größe ändern oder spiegeln.
- ◆ **Größe**: dem markierten Objekt andere Dimensionen zuweisen. Proportional: das Verhältnis **Länge x Breite** bleibt erhalten.
- ◆ **Neigung**: nicht drehen, sondern zum Parallelogramm verschieben.

> Mit „Kopien: x" können bei jeder Funktion Kopien erzeugt werden, also z.B. um jeweils 10° weiter gedrehte Kopien.

Kurzanleitung für die Übung:

- ➢ Solche aufwendigeren Einzelteile am besten in einer **separaten Hilfszeichnung** erstellen, diese speichern und erst den fertigen, gruppierten Propeller in unser Werbeblatt hinüber kopieren.

  - ✎ **Geeignete Maße** wählen, etwa: Propellerdurchmesser 100 mm, Zeichnung 120x120 mm und den Ursprung in die Mitte verlegen.

- ➢ Zuerst den großen **Hilfskreis** zeichnen, für den kleineren Kreis bieten sich zwei Methoden an:

  - ✎ entweder den großen Kreis mit gedrückter [Umschalt]-Taste anfassen, die Größe ändern und dabei mit der **rechten Maustaste** eine verkleinerte **Kopie** um den gleichen Mittelpunkt erstellen oder

  - ✎ mit Anordnen-Änderungen-Skalieren kopieren (Kopien=1).

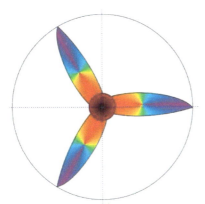

Die Rotorblätter werden so gezeichnet:

- ➢ **Linie**: Anfangspunkt, Doppelklicken, zurück zum Anfangspunkt ergibt zwei Linien übereinander,

- ➢ dann mit dem **Form-Werkzeug** markieren, zur **Kurve** umwandeln und passend ausbeulen,

- ➢ Der Nase eine **radiale Füllung** sowie dem ersten Blatt vor dem Drehen eine **Farbverlaufsfüllung** zuweisen.

- ➢ Abschließend in dem **Drehen**-Menü um 120° zweimal kopieren, Drehpunkt dabei in die Mitte zu 0,0 verschieben.

8.4 Spezialeffekte

Das Logo und der Propeller sollen noch professioneller wirken. Zunächst wollen wir bei jedem Propellerblatt noch einen Schweif ergänzen. Wie könnte das erreicht werden?

➢ Lösen Sie den großen Hilfskreis mit dem **Form-Werkzeug** zu einem **Kreissegment** auf.

    ✍ Dabei innerhalb des Kreises loslassen, damit die inneren „Tortenstücklinien" und damit die Füllung erhalten bleiben.

➢ Bei der Füllung dann einen **runden Farbverlauf**, frei eingestellt, aber mit verschobenen Mittelpunkt zuweisen.

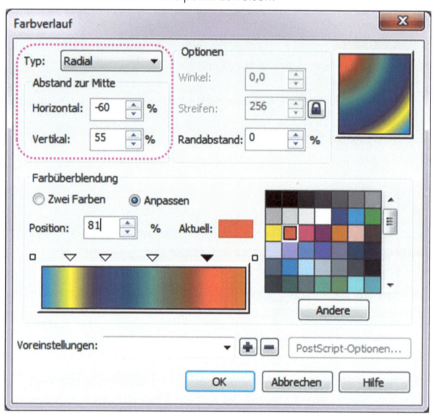

Schon einmal mit einem Propellerstück montieren:

➢ Die Linie ausschalten und nach hinten setzten,

➢ dann noch eine lineare Transparenz zuweisen.

➢ Mit Anordnen-Änderungen zwei gedrehte Kopien erstellen, dabei den Mittelpunkt auf 0,0 verschieben.

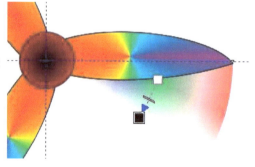

➢ Anschließend den Hilfskreis löschen, Propeller **gruppieren**, in das Werbeblatt **kopieren**, an die gewünschte Position schieben und dort in der Größe anpassen.

8.4.1 Text mit Schatten

Den Text ergänzen wir in der großen Zeichnung, dabei jeweils möglichst stark vergrößern.

> ➢ Eine Hilfslinie für die Textposition, dann die Überschrift Aeroplane Club als Grafiktext schreiben

> ➢ und den Schatten mit Anordnen-Position ergänzen.

Das schaut doch schon besser aus.

8.4.2 Farben übergehen lassen

Jetzt kann die Kopfzeile fertig gestellt werden. Das Logo „Propeller" wird übernommen und eingepasst. Wie wäre es mit der Füllung „**WolkenMittag**", bei „Beispiele" zu finden, mit hellerem Blau und zusätzlich um 20% aufgehellt, und dunkelblauem Text?

Oder rotem Text mit blauem Schatten (Text kopieren) vor **Farbverlauf**:

Dritter Teil

Stile

Mengentext, Textfluss und Stile

9. Mengentext und Stile

Jetzt werden wir die im vorigen Kapitel vorbereitete Übung mit Text fertig stellen. Damit wir Blocksatz und Silbentrennung aktivieren können, werden wir den Text als Mengentext schreiben.

9.1 Mengentext

➢ Da wir die Kopfzeile komplett fertig haben, noch eine **Hilfslinie** als obere Textbegrenzung einfügen.

➢ **Textwerkzeug** wählen und mit **gedrückter Maustaste** schon einmal zwei Textrahmen in den beiden **Spalten** wie ein Rechteck ziehen (An Gitter ausrichten sollte aktiviert sein).

➢ Im ersten Rahmen eine Überschriftzeile und einen **Beispielabsatz** schreiben. Damit sich die Spalten mit Text ohne großen Schreibaufwand füllen, diesen ersten Beispielabsatz mehrfach **kopieren** und zwischendurch Überschriften einfügen.

✎ Auf diese Art erhalten wir einen realistischen Beispieltext ohne große Schreibarbeit.

> Gelegentlich eine **Überschrift** zwischenschalten.

Flug und Spaß
Schönes Wetter am letzten Wochenende. Toller Flugtag. Die neuen Elektrosegler eingeweiht. Ultimativer Höhenflug mit Grob 109G. Walter Fliege neuer Meister. Beste Thermik, Überland und toll gelandet.

Einen **Absatz** schreiben und diesen mehrfach kopieren. Achten Sie darauf, dass es wie in einem echten Text verschiedene Absätze werden, die durch **Return** getrennt sind, d.h. Return drücken, dann Text einfügen, da sonst die Einstellung mittels der Stile nicht funktioniert.
Wenn die Textabsätze kopiert sind, ab und zu eine Überschrift einfügen.

Notizen: ....
....
....
....
....

9.2 Textrahmen fortsetzen

wenn der erste Rahmen mit Text gefüllt ist, können Sie automatisch den Text in der zweiten Spalte weiterlaufen lassen, die Rahmen sozusagen verbinden.

➢ Klicken Sie den gefüllten **Mengentextrahmen** am unteren, mittleren **Anfasser** an, dann den Rahmen für die zweite Spalte wählen, falls bereits vorhanden, oder einen neuen Rahmen ziehen.

   ✋ Ein Textsymbol erscheint an der Maus.

➢ Wenn der zweite Textrahmen gefüllt ist, noch eine **zweite Seite** ergänzen und dort ebenfalls Textrahmen erstellen, mit dem jeweils vorhergehenden verknüpfen und mit Beispieltext füllen.

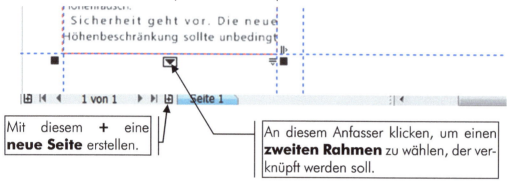

Mit diesem **+** eine **neue Seite** erstellen.

An diesem Anfasser klicken, um einen **zweiten Rahmen** zu wählen, der verknüpft werden soll.

9.3 Stile

Wenn genügend Text da ist, wollen wir diesen formatieren. Wir haben zahlreiche Überschriften und normale Textabsätze erstellt. Es wäre viel Arbeit, wenn wir jeden Absatz markieren und dann einstellen würden, vor allem, weil Sie diesen Aufwand bei jeder Änderung wiederholen müssten.

Das ist auch nicht nötig, denn was es in jedem guten Textverarbeitungsprogramm gibt, ist natürlich auch im Corel vorhanden. Formatvorlagen ist der Name bei MS Word, die gleiche Funktion erfüllen die **Stile** im Corel.

Das Prinzip ist ganz einfach:

♦ **Formatierungen** (z.B. Schriftgröße, -farbe, fett, kursiv, Zeilenabstand, Ausrichtung links, rechts…) werden nicht in dem jeweiligen Absatz gespeichert, sondern einmal in dem Stil.

   ✋ Dieser **Stil** kann dann jedem neuen Absatz zugewiesen werden. Alle Einstellungen sind damit übernommen.

> Ein **Absatz** gilt dabei von Absatzmarke zu Absatzmarke. Eine Absatzmarke setzen Sie mit Return.

Jeder Text besteht aus wenigen Grundelementen:

♦ **Titel, Überschrift 1** und **Überschrift 2**, dem **normalen Text** und ein oder zwei **speziellen Textabsätzen**, z.B.:

   ✋ Zitat, Aufzählung, Beschriftung von Abbildungen…

Folglich sind in der Regel nur etwa fünf Stile erforderlich, bei kurzen Texten oft nur zwei oder drei.

Die Vorteile der Stile sind bei längeren Texten enorm:

- ♦ **Kein umständliches Einstellen**: jeden Absatz markieren und Schrift- oder Absatzeinstellungen ändern, entfällt.

- ♦ **Keine Fehler**, weil ein Absatz verkehrt eingestellt wurde, etwa mit 11 statt 12 Punkten Schriftgröße, da die Einstellungen eines Stiles für alle Absätze mit diesem Stil gelten.

- ♦ Jeder Text kann ohne großen Aufwand **anders formatiert werden**. Wird die Schriftart für den Stil Überschrift 1 geändert, sind alle Überschriften 1 im Text identisch aktualisiert!

Besonders der letzte Aspekt ist die Voraussetzung für **perfekte Texte**.

9.4 Neuer Stil

Die vorhandenen Stile sind selten verwendbar und nicht schön voreingestellt. Also erstellen wir uns zwei neue Stile. Das ist dafür im CorelDRAW sehr einfach gelöst.

In unserem Übungstext brauchen wir nur zwei Stile: **Überschrift** und **Text**.

- ➢ Formatieren Sie die **erste Überschrift** wie gewohnt: markieren, dann Text-Zeichenformatierung: blau + fett + größere Schrift.

- ➢ Auch bei „Text-Absatzformatierung" einen Absatzabstand angeben.

Mehr als 100 % bedeutet einen größeren Abstand nach dem Absatz.

Rücken wir die **erste Zeile** von jedem Absatz um **3 mm** ein, damit die Absätze besser erkennbar werden.

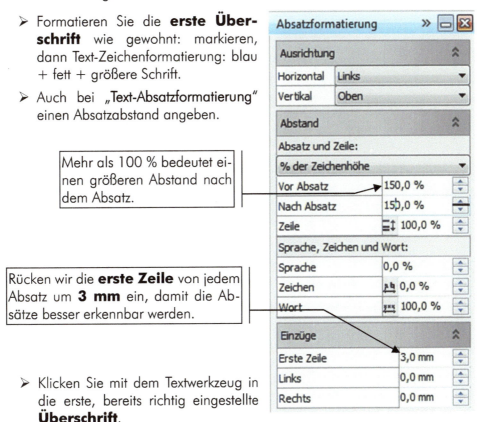

- ➢ Klicken Sie mit dem Textwerkzeug in die erste, bereits richtig eingestellte **Überschrift**.

- ➢ Rechte Maustaste-Stile-**Stileigenschaften speichern**:

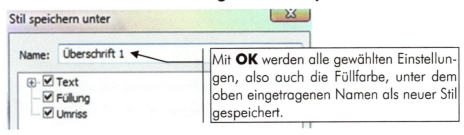

Mit **OK** werden alle gewählten Einstellungen, also auch die Füllfarbe, unter dem oben eingetragenen Namen als neuer Stil gespeichert.

9.5 Stil zuweisen

Damit haben wir die Einstellungen der Überschrift als **Stil Überschrift 1** gespeichert. Jetzt können wir diesen Stil beliebig vielen Überschriften zuweisen, und natürlich auch unserer ersten Überschrift. Da in der Text-Symbolleiste die Stile bei Corel X5 nicht mehr angezeigt werden, geht es nur über die rechte Maustaste:

> ➢ Jede Überschrift mit dem Textwerkzeug anklicken, rechte Maustaste – Stile – Zuweisen und falls der gewünschte Stil nicht in der Liste erscheint, „Weitere Stile" wählen auf den Stil **Überschrift 1** umschalten.

Prompt sind alle Einstellungen da.

Andere Möglichkeiten, Stile zuzuweisen:

♦ Mit Extras-Grafik- und Textstile oder **[Strg]-F5** wird ein Andock-Fenster geöffnet.

Wenn Sie viel mit Stilen arbeiten, ist dieses Andockfenster hilfreich, denn mit **Doppelklicken** können Sie Stile zuweisen.

Wenn Sie im obigen Fenster die rechte Maustaste auf einem Stil drücken, dann Eigenschaften, erscheint ein übersichtliches Fenster, das auf verschiedenen Karteikarten alle Einstellmöglichkeiten bietet.

9.6 Stil ändern

Wenn Sie etwas geändert haben, brauchen Sie nur erneut die Stileigenschaften zu **speichern**, damit alle Absätze, denen dieser Stil zugewiesen wurde, einheitlich aktualisiert werden!

9.7 Standard-Stile

In jeder Zeichnung sind bereits diese Stile vorhanden (s. obige Abbildung):

♦ „Standardgrafiktext" für den Grafiktext (ohne Mengentextrahmen) und

♦ „Standardmengentext" für den Text in einem Mengentextrahmen.

♦ Diverse Stile mit **Blickfangpunkten**, bei denen jedoch die Blickfangpunkte nicht optimal eingestellt sind (nur für Mengentext).

Gesamten Text ändern:

♦ Sie können daher die Einstellungen für den normalen Text auch unter der Voreinstellung **Standardmengentext** speichern. Damit sind alle Mengentexte in diesem Dokument automatisch geändert.

    ✎ Allerdings sind damit die ursprünglichen Einstellungen in dieser Zeichnung verloren.

Ergänzen Sie einen **letzten Satz** und formatieren Sie diesen. Für solch einen Einzelfall brauchen die Einstellungen nicht als Stil gespeichert zu werden:

➢ Markieren, **Großbuchstaben** und **gesperrt** um 20 %. Text sperren oder stauchen geht bei Text-Text formatieren-Zeichen:
DIE REDAKTION WÜNSCHT GUTEN FLUG.

9.8 Silbentrennung

Wenn für den Text **Blocksatz** eingestellt wird, sollte auch die **Silbentrennung** aktiviert werden.

♦ Bei Text-Silbentrennung verwenden kann diese für den markierten Textrahmen aktiviert werden.

    ✎ Bei Text-Silbentrennungseinstellungen finden Sie die Einstellmöglichkeiten für die Silbentrennung:

Die Silbentrennung führt allerdings gerade bei schmalen Spalten dazu, dass viele Wörter zu stark gedehnt oder gestaucht werden, weshalb die Silbentrennungen leider von Hand nachzubearbeiten sind. Wie im Word kann mit [Strg]-Bindestrich ein bedingter Trennstrich eingefügt werden (ein Silbentrennungsstrich, der nur gedruckt wird, wenn das Wort tatsächlich getrennt wird).

Bei jeder Änderung den **Stil neu speichern**: rechte Maustaste auf dem Text, dann Stil-Speichern.

10. Textfluss um Bilder

10.1 Bilderquellen

Wenn Sie ein passendes Bild suchen, gibt es einige Möglichkeiten:

- Auf der **Corel-DVD**. Auf der DVD sind im Ordner Extras zahlreiche ClipArts, Schriften und Füllmuster, viele Fotos und freigestellte Objekte.
  - ✍ Leider wechseln die Fotos und ClipArts von Version zu Version und zu manchen Themen gibt es viele, zu anderen keine Fotos oder ClipArts.
  - ✍ Die beigegebenen Fotos sind nur als Ansichtsexemplare zu verstehen, die zum Kauf der großen Fotosammlung animieren sollen.

- Zusätzlich können Sie mittels Corel **Connect** auf eine Online-Bibliothek mit zahlreichen Fotos und ClipArts zugreifen.
  - ✍ Für die Verwendung ist eine Registrierung notwendig.
  - ✍ Bei der kostenlosen Grundmitgliedschaft können Fotos nicht ohne das eingearbeitete Corel-Logo heruntergeladen werden und sind damit praktisch nicht nutzbar.

- Solche **Fotosammlungen** gibt es von verschiedenen Herstellern und sind für professionelle Anwender gedacht, bei denen sich die hohen Anschaffungskosten von mehreren Tausend Euro durch den Wegfall der Reisekosten eines Fotografen amortisieren.
  - ✍ Für Privatanwender sind relativ preisgünstige Bilder-CDs oder Fotosammlungen eine Alternative.

- Sie können auch im **Internet** nach Bildern suchen. Internet-Bilder sind jedoch meistens von schlechter Qualität, damit die Dateigröße klein und damit die Übertragungszeit niedrig bleibt.
  - ✍ Für kommerzielle Anwendungen sind Bilder aus dem Internet damit nicht geeignet.
  - ✍ Für private Anwendungen, Geburtstagskarten, Schulvorträge, CD-Aufkleber jedoch eine fast unerschöpfliche Fundgrube.
  - ✍ Wenn Sie doch ein Bild aus dem Internet verwenden wollen, sollten Sie nach evtl. vorhandenen **Copyrights** Ausschau halten und ggf. eine Erlaubnis einholen.

- Bevor Sie im Internet suchen, sollten Sie auch Ihren **Rechner** durchsuchen, da sich auch dort einige Bilder verbergen könnten, die z.B. bei manchen Programmen beigegeben waren oder früher schon einmal aus dem Internet heruntergeladen wurden.

10.2 Bilder suchen

Auf Ihrem Rechner:

- ♦ Auf Ihrem Rechner können Sie **Start-Bilder** (Windows 7) wählen oder gleich den **Windows Explorer** öffnen, gewünschtes Laufwerk wählen und oben als Suchbegriff ***.jpg** oder *.bmp oder *.tif usw. eingeben.

  ✌ Der Stern steht für einen beliebigen Dateinamen, gefolgt von der Dateiendung jpg (meist üblich für Fotos).

Im Internet Fotos suchen:

- ♦ Sie können bei fast jeder Suchmaschine (z.B. www.msn.com, www.yahoo.com, www.google.com …) oben statt Text auf Bilder umschalten, dann bei der Schaltfläche „**Suchen**" passende Suchbegriffe wie Flugzeug, Motorrad usw. eingeben.

- ♦ Wenn Sie ein geeignetes Bild gefunden haben, erst anklicken, damit statt dem kleinen Vorschaubild die Webseite mit dem echten Bild geöffnet wird.

  ✌ Oft wird durch weiteres Anklicken ein noch größeres und detaillierteres Bild geöffnet.

- ♦ Zum Herunterladen auf dem Bild die **rechte Maustaste** drücken und **Bild speichern unter** wählen.

  ✌ Anschließend können Sie angeben, in welchem **Ordner** das Foto gespeichert werden soll.

Suche nach „oldtimer" in www.msn.de:

Hier kann sehr schön gewählt werden, ob Bilder, Videos oder anderes gesucht werden soll.

Dies sind nur verkleinerte Vorschaubilder. Wenn Sie ein Bild anklicken, kommen Sie auf die Webseite, auf der das Bild veröffentlich ist und können dort das Bild suchen, dann darauf rechte Maustaste und mit **Bild Speichern unter** auf Ihrer Festplatte abspeichern.

10.3 Bild als Hintergrund

Theoretisch können Sie jedes Foto als Hintergrund verwenden. Jedoch sollte die Auflösung gut genug für das gewählte Druckformat sein und das Foto sollte natürlich wie gewünscht im Hoch- oder Querformat vorliegen.

Damit der Text davor noch gelesen werden kann, ist der Hintergrund wie ein Wasserzeichen **aufzuhellen** oder vor einem dunklen Hintergrund ist heller Text zu verwenden.

Das geht im CorelDRAW mit **Effekte-Anpassen-Helligkeit/Kontrast/-Intensität**.

Von **Hintergrundbildern** ist bei schlechter Druckqualität abzuraten, da die Lesbarkeit sehr abnimmt.

10.3.1 Als Wasserzeichen

♦ Mit der **rechten Maustaste-Anordnung-nach hinten...** können Sie ein Bild wie ein Wasserzeichen hinter den Text setzen.

♦ Anschließend mit Effekte-Anpassen-Helligkeit/Kontrast/Intensität die Helligkeit erhöhen sowie den Kontrast herabsetzen.

    ✍ Die optimalen Werte können nur durch Ausprobieren anhand einiger Probeausdrucke ermittelt werden.

10.4 Textfluss um Grafik

Wenn Sie ein Bild gefunden und in Ihrer Zeichnung eingefügt haben, gilt es, dieses anzuordnen und ggf. in der Größe anzupassen.

10.4.1 Zum Einfügen

Bilder aus dem **Internet** am besten zunächst auf Ihrer Festplatte in einem Ordner für Fotos speichern (rechte Maustaste auf dem Bild, dann Speichern).

Bei Bildern von einer **Foto-CD** ist dies nicht unbedingt erforderlich, weil das Foto in dem CorelDRAW-Projekt noch einmal gespeichert wird. Nur wenn Sie das Foto öfter verwenden wollen, können Sie sich die Sucharbeit auf den CDs, bzw. DVDs sparen und das Foto auf der Festplatte speichern.

Bei den heutigen Festplattengrößen ist das kein Problem mehr und wenn Sie die Fotos in passende Ordner wie z.B. C:\Fotos\Flugzeuge ablegen, finden Sie später alles sehr leicht.

10.4.2 Bildgröße und Lage

♦ Wenn Sie Bilder in der **Größe ändern**, sollten Sie dies immer an dem Anfasser am **Eck** erledigen, damit nicht das Verhältnis Höhe zu Breite verändert wird.

    ✍ Ist dies doch passiert, rückgängig oder ggf. das Bild löschen und neu einfügen.

◆ Hier wollen wir den schwarzen Keil am oberen Rand wegschneiden. Das geht mit dem Form-Werkzeug.

Foto markieren, dann **Form-Werkzeug** wählen und beide Anfasser bei gedrückter [Umschalt]-Taste zugleich markieren, damit die obere Kante waagerecht bleibt und den oberen Rand wegschneiden.

➢ Wenn das Bild in Ordnung ist, wieder mit dem **Auswahlpfeil** am Eckpunkt auf **Spaltenbreite** vergrößern.

◆ Oft gibt es vom Text oder Format her Vorgaben, die eine vorgegebene Bildhöhe bewirken.

  ✎ Das Bild auf keinem Fall einfach höher oder breiter ziehen, da dann das Verhältnis **Höhe/Breite** verfälscht wird, sondern mit dem Form-Werkzeug modifizieren.

  ✎ Bei fast jedem Foto gibt es wie hier oben einen Himmel oder unten den Teerbereich, der ohne große Nachteile verkürzt werden kann.

◆ Sie können bei gewähltem **Form-Werkzeug** auch während dem Ziehen mit der Maus mit **[Strg]-y** das **Gitter** ein- oder ausschalten,

◆ bei gedrückter **[Strg]-Taste** geht es nur **waagerecht** oder **senkrecht**, so dass exakt verschoben werden kann.

◆ Alternativ kann auch das Hilfsmittel **Beschneiden** verwendet werden. Mit diesem ist ein Rahmen zu ziehen, der den Bildteil enthält, welcher erhalten bleiben soll.

10.4.3 Textfluss aktivieren

Wenn die Bildgröße passt, sollte der Text nicht mehr hinter dem Bild weiter fließen, sondern davor auf die nächste Seite umbrechen.

➢ Drücken Sie auf dem Bild die **rechte Maustaste**, dann den „**Mengentext umbrechen**" einschalten.

Natürlich können Sie ein Bild mit Textfluß auch drehen.

10.5 Mengentext drehen

Nicht nur Bilder, auch Mengentext kann gedreht werden. Am Ende wollen wir noch eine Antwortkarte zum Ausschneiden ergänzen:

➢ In der letzten Spalte den Mengentextrahmen verkürzen, ggf. Text löschen oder eine kleinere Schrift wählen (im Stil speichern!).

➢ Schreiben Sie zunächst im leeren Randbereich die Adresse in einen neuen **Mengentextrahmen** mit der Anschrift:

Diesen Text drehen wir um 90°:

➢ **Zweimal** mit dem Auswahlwerkzeug den Mengentextrahmen anklicken,

➢ dann können Sie einen Mengentextrahmen einschließlich dem enthaltenen Text wie ein Rechteck **drehen**.

↳ Bei gedrückter **[Strg]-Taste** geht es genau um **90°**.

Sie sehen: auch Mengentexte können beliebig gedreht werden. Wir brauchen nun noch Linien, damit der Kunde seine Anschrift eintragen kann:

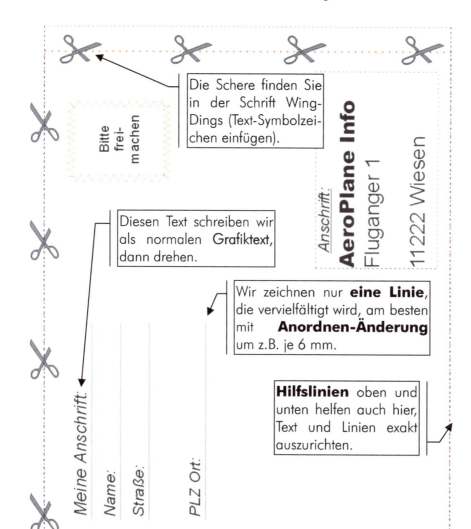

LINDEMANN GROUP © DIPL.-ING. (FH) PETER SCHIEßL

10.5.1 Die Absenderadresse mit Linien

Die kleinen Details sind besonders schwierig, jedoch nicht mehr mit den richtigen Zeichentechniken.

Die Linien:

> ➢ Eine **senkrechte Linie** bei gedrückter [Strg]-Taste zeichnen, dann

> ➢ **Anordnen-Änderungen-Position** wählen.

> ➢ Mit „Kopien: 3" können Sie die Linie exakt um ca. 6 mm horizontal versetzt **kopieren**. Oder 4 Kopien und dann eine Linie löschen.

Meine Anschrift. *Name:* *Straße:* *PLZ Ort:*

> Die Linie zwischen Straße und PLZ nicht mehr duplizieren, sondern mit „Kopien: 0" einfach verschieben.

Diese Funktion ist besonders praktisch, da Sie die Linien mehrfach ganz exakt verschieben und kopieren können.

> Bei dem H für horizontal 6 mm eintragen, dann unten die gewünschte Kopien-Anzahl eintragen.

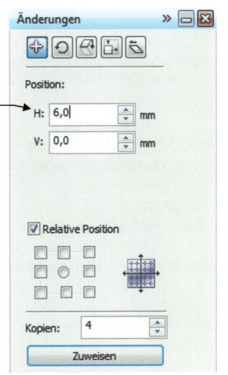

Der günstigste Wert kann durch Ausprobieren ermittelt werden:

> ♦ verschieben,

> ♦ dann anschauen,

> ♦ ggf. Rückgängig und

> ♦ mit anderen Werten noch einmal durchführen.

Den Text:

> ➢ Die **erste Zeile schreiben**, Schriftart einstellen, dann erst um 90° drehen. Auch hierfür könnten Sie das Menü Anordnen zum Drehen verwenden.

> ➢ Dann kann diese Zeile genauso leicht um exakt **6 mm** horizontal verschoben und dabei **kopiert** werden.

> ➢ Abschließend die anderen Texte anklicken und mit **[Strg]-[Umschalt]-t** das Textmenü aufrufen, da sich senkrechter Text sonst schwer ändern lässt, und die Texte passend mit „Name:" usw. **überschreiben**.

> ➢ Wenn fertig, alles **gruppieren** und anordnen.

10.5.2 Platzhalter für die Briefmarke

Sie könnten natürlich lange suchen, ob es vielleicht ein passendes ClipArt gibt, z.B. einen Rahmen. Aber wenn wir selbst zeichnen, lernen wir auf jeden Fall etwas.

Eine Möglichkeit, den Platzhalter für die Briefmarke zu erstellen:

> Zeichnen Sie ein Rechteck, dann dafür eine rote **ge-punktete Linie** einstellen.

> Dann den Text schreiben, klein und zentriert formatieren und in die Mitte des Rahmens schieben.

Bitte frei-machen

Das Zackenmuster könnten Sie mit dem Effekt „Verzerren" erstellen (bei den Effekten in der Hilfsmittelpalette).

> Rechteck anklicken und die Voreinstellung **„Zackenschnitt 1"** wählen, dann die Werte in der Eigenschaftsleiste anpassen (zuweisen, anschauen, ggf. rückgängig und mit anderen Werten erneut probieren).

Hier Werte einstellen.

> Abschließend wie immer **gruppieren** und dann erst um **90° drehen** und an der Position für die Briefmarke anordnen.

10.5.3 Die Ausschneidemarkierung

> Für die Markierung wird ein **Rechteck** gezeichnet, dem eine gepunktete Linie zugewiesen wird.

> Die **Schere** mit „Text-Symbolzeichen einfügen" oder [Strg]-F11 aus der Bildschrift **Wingdings** einfügen, passend verkleinern, farbig einstellen und dann mehrfach entlang der Linie kopieren.

> ↳ Wenn Sie beim Kopieren die **[Strg]-Taste** gedrückt halten, lässt sich die **Schere** nur horizontal oder vertikal verschieben und dabei kopieren.

> ↳ Oder auch wieder mit dem praktischen Anordnen-Änderungen-Position.

Ganz am Ende wird natürlich die ganze Postkarte gruppiert und könnte damit später auch in anderen Projekten verwendet werden.

> Praktischere Alternative: komplette Postkarte zunächst waagerecht im Seitenrand oder einer neuen Zeichnung erstellen und erst nach dem Gruppieren drehen und einpassen.
>
> Bei **gedrückter** [Strg]-Taste können Sie einzelne Objekte aus einer Gruppierung wählen, ohne die Gruppierung aufheben zu müssen.

Vierter Teil

Druck

Druck und Drucker,
Verfahren, Einstellungen,
Exportieren, Internet

———

11. Über die Druckmöglichkeiten

Für professionelle Anwendung sollten Sie sich etwas mit den Möglichkeiten des Ausdrucks auskennen. Darum ein kurzer Überblick, wobei für Grafikarbeiten natürlich nur Farbdrucker in Frage kommen.

11.1 PC-Drucker

♦ An Ihrem PC wird üblicherweise ein **Farb-Tintenstrahldrucker** angeschlossen sein. Diese liefern zwar fast Fotoqualität, jedoch nur auf teurem Spezialpapier (Glossy) mit den damit verbundenen hohen Kosten pro Seite.

    ✎ Außerdem sind Tintenstrahldrucker meist bei hoher Qualität langsam.

    ✎ Die Qualität reicht nicht für geschäftliche Präsentationsaufgaben!

♦ Gute **Farblaser** liefern zwar ausreichende Druckqualität, jedoch ist der Preis pro Seite deutlich höher anzusiedeln als bei Tintenstrahldruckern: bis zu 1 Euro je Seite. Zwar ist kein Spezialpapier erforderlich, doch sind die Tonerkosten sehr hoch. Und wenn viel gedruckt werden würde, kommen noch teure Reparaturen und Ersatzteile hinzu.

    ✎ Die Geschwindigkeit ist höher als bei Tintenstrahldruckern.

    ✎ Für geschäftliche Dokumente bei kleinen Stückzahlen schon eher geeignet.

♦ **Sublimationsdrucker** verwenden Farbfolien, die durch Heizelemente an den entsprechenden Stellen geschmolzen werden, so dass die flüssige Farbe aufs Papier aufgetragen wird. Einige Geräte haben statt Folien feste Tinte, die erhitzt und dadurch flüssig wird.

    ✎ Die Kosten für die Verbrauchsmaterialien sind jedoch nicht niedriger als bei Farblasern, bei denen die Anschaffungspreise jedoch aufgrund der größeren Verbreitung rapide gefallen sind.

♦ **Rollen-Plotter** verwenden heute meist das gleiche Druckprinzip wie Tintenstrahldrucker, nur das je nach Modell bis zu DIN A1-Papier auf einer großen Rolle eingelegt werden kann.

    ✎ Dafür sind dies natürlich entsprechend große und teure Geräte und nach einem großen Blatt in Farbe können durchaus bereits die Tintenpatronen leer sein.

    ✎ Für Plakate in geringen Stückzahlen eine Herstellungsalternative, die auch in Druckereien für Kleinaufträge eingesetzt wird.

11.2 Offset-Druck

Wenn Sie professionelle Qualität in Farbe wünschen, ist der Weg zu einer Druckerei unumgänglich. Dort wird meist im sogenannten **Offset-Druckverfahren** gedruckt, d.h. es wird zuerst ein Film belichtet, mit diesem werden die Druckfolien erstellt und anschließend gedruckt.

♦ Ein Satz- oder **Belichtungsstudio** stellt solche Filme her. Mit den Filmen werden dann Platten aus Aluminium für den Druck erstellt.

11.3 Über den Farbdruck

♦ Beim Farbdruck werden aus vier Grundfarben alle Farben gemischt: **CMYK** für Cyan, Magenta, Yellow und Black.

♣ Beim Offsetdruckverfahren wird für jede Grundfarbe eine Folie erstellt, daraus eine Druckplatte, was mit umfangreichen Vorarbeiten verbunden und deshalb bei geringen Stückzahlen teuer ist.

♣ Im Corel können in der Druckvorschau solche „**Farbauszüge**" erstellt werden (s. S. 82).

Zuerst ist der Satz im Computer vorzubereiten, dann müssen Folien belichtet werden, von diesen die Druckplatten – beim Vierfarbdruck je Grundfarbe eine – anschließend sind die Druckplatten auf der Druckmaschine einzurichten und nach dem Druck sind die gedruckten Bögen zuzuschneiden und die einzelnen Seiten zu binden.

Übrigens arbeitet so gut wie jeder Farbdrucker nach diesem CMYK-Farbmodell, auch Ihr Tintenstrahldrucker.

♦ Zwischen Schwarz-Weiß und dem Vierfarbdruck gibt es den **Zweifarbdruck**, meist schwarz und eine Schmuckfarbe, wobei aber auch alle Zwischenfarben und Schattierungen möglich sind.

♣ Bei einem Zweifarbdruck mit blauem Text und gelber Schmuckfarbe könnten Sie auch noch hellblau oder gelb und blau gemischt, also grün, drucken.

11.4 Digitaler Druck und Papierdruck

♦ Bei dem sogenannten **digitalen Druck** wird direkt vom PC aus auf große „Farblaser" oder die oben beschriebenen Rollenplotter ausgedruckt. Durch den geringen Vorbereitungsaufwand für kleine Auflagen interessant, die Druckkosten sind jedoch höher.

♦ Neben dem Digitaldruck und dem Offsetdruck gibt es noch den **Papierdruck** für Schwarz-Weiß-Vorlagen.

♣ Hier wird ähnlich wie beim Kopieren gearbeitet, weshalb zwar die Vorbereitungszeit wie beim Digitaldruck entfällt, die Qualität jedoch nicht besser wird als die Vorlage und deshalb nur für Textausdrucke mit geringen Qualitätsansprüchen ausreicht, z.B. Doktorarbeiten.

In den Corel-Einstellmenüs finden Sie einige Fachbegriffe, die im Folgenden kurz erläutert werden sollten.

11.5 Voreinstellungen zum Drucken

♦ **Druckbarer Bereich**: denken Sie daran, dass viele PC-Drucker nicht bis zum Blattrand drucken können. Unten ist der nichtdruckbare Bereich am größten, da das Blatt noch mit den Walzen festgehalten werden muss.

    ✏ Im Handbuch eines jeden Druckers finden Sie Angaben zu dem maximal druckbaren Bereich, übliche **Tintenstrahldrucker** können meist außen ca. 5 mm und unten ca.15 mm nicht bedrucken.

    ✏ **Laserdrucker** können dagegen oft bis zum Rand drucken.

    ✏ In einer **Druckerei** wird auf viel größeres Papier gedruckt (**Druckbogen**, oft A1), anschließend werden die Seiten geschnitten. So sind in einem Durchgang z.B. 16 DIN A5 Seiten auf einem DIN A1-Druckbogen erstellt.

Bei Extras-Optionen:

♦ können Sie bei Dokument-Seitengröße mit **Seitenrahmen hinzufügen** einen Rechteck-Rahmen genauso groß wie das Papierformat ergänzen, der farbig gefüllt werden könnte. Einfacher: Rechteck zeichnen.

♦ **Randanschnitt**: weil in einer Druckerei sowieso auf größeres Papier gedruckt und anschließend die Seite zugeschnitten wird, werden Bilder oder Hintergrundrahmen oft etwas über den Rand hinaus gezeichnet.

    ✏ Dann kann leichter **zugeschnitten** werden, denn es muss nicht exakt am Rand geschnitten werden.

Bei Global-Drucken

♦ finden Sie alle weiteren Einstellungen für den Drucker und die Druckausgabe zusammengefasst. Einige unter Umständen interessante werden kurz vorgestellt.

    ✏ Alle Werte mit dem Vermerk **Warnung** oder Vorabkontrolle veranlassen eine Meldung im Druckermenü auf der letzten Karteikarte, z.B. wenn zu viele Schmuckfarben verwendet werden.

    ✏ Ganz unten könnten Sie die **Druckauflösung** für Bilder wählen (Auf Bitmap Auflösung rendern). Automatisch oder ein Wert bis 600 dpi auswählen.

11.5.1 Bildauflösung

♦ CorelDRAW speichert Fotos inzwischen im JP2-Format (jpeg2000). Damit werden die Bilder um etwa den Faktor 10 komprimiert, was nicht unbedingt einen Qualitätsverlust, aber gelegentlich leichte Änderungen der Pixelmuster ergibt.

    ✏ Diese Komprimierung könnten Sie bei **Dokument-Speichern** abschalten.

Weiter zur **Druckvorschau**, die eine sehr große Hilfe gegen verdruckte Seiten darstellt.

12. Einstellungen beim Drucken

Mit Datei-Drucken, dem Symbol oder [Strg]-p gelangen Sie ins Druckmenü.

12.1 Karteikarte Allgemein

- ♦ Bei **Grundeinstellungen** können Sie Ihren Drucker einstellen, z.B. Glossy-Papier für Ausdrucke in höchster Qualität angeben.

- ♦ **In Datei drucken**: hiermit können Sie veranlassen, dass der Ausdruck statt zum Drucker geschickt in eine Datei gespeichert wird.

  - ↳ Der Verwendungszweck besteht hauptsächlich darin, der Druckerei eine Druckdatei zu schicken, damit wirklich alle Einstellungen unverändert ausgedruckt werden können.

  - ↳ Das funktioniert jedoch nur, wenn Sie einen sogenannten **Postscript-Drucker** haben und damit eine Postscript-Datei erzeugen können. Postscript ist eine standardisierte Druckersprache, so dass die Druckdatei auf einem Postscript-Laserdrucker genauso wie auf einem Postscript-Belichtungsgerät ausgegeben werden kann.

    Postscript

  - ↳ Nachteile: die Druckerei hat keine Korrekturmöglichkeiten und die Postscript-Druckdateien sind verhältnismäßig groß. Darum gibt es bei dem kleinen Pfeil neben der Schaltfläche die Möglichkeit, **je Seite** eine eigene Druckdatei erstellen zu lassen.

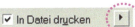

- ♦ Falls Sie **mehrere identische Exemplare** ausdrucken wollen, können Sie im Druckermenü aus Windows:
  -Start-**Geräte und Drucker**, dann auf den Drucker doppelklicken und Eigenschaften wählen,
  -dort auf der Karteikarte Erweitert „Druckaufträge nach dem Drucken **nicht löschen**" ankreuzen.
  Dann können Sie diesen Druckauftrag aus dem Druckermenü jederzeit mit der rechten Maustaste neu starten.

- ♦ Bei **Druckbereich** wählen, was gedruckt werden soll. Seiten mit Strichpunkt, z.B. 1;3;8 oder Bereiche mit Bindestrich: 10-25 angeben.

- ♦ **Beidseitiger Druck**: falls der Drucker keine Wendeeinheit besitzt, können Sie manuell auf beide Seiten drucken:

  - ↳ zuerst nur die **geraden Seiten**, dann Papier andersherum einlegen und die ungeraden Seiten drucken.

  - ↳ Zusätzlich ist bei einem Durchgang die Druckreihenfolge zu ändern, was bei manchen Druckern bei Eigenschaften möglich ist.

12.2 Layout und Druckvorschau

Hier können Sie die Größe des Ausdrucks festlegen.

♦ „Wie im Dokument" = mit 1:1 Größe ausdrucken; „Auf Seite einpassen" druckt so groß wie maximal auf dem Papier möglich; „Bilder neu positionieren auf": in der Schaltfläche z.B. links unten wählen, damit kleinere Bilder im linken, unteren Eck angeordnet werden.

♦ **Gekachelte Seiten**: vergrößert auf mehrere Blätter ausdrucken, die anschließend zusammengeklebt werden können. Einschalten, Kachelzahl vorgeben und dann den Skalierungsfaktor passend wählen.

Beachten Sie die Druckvorschau:

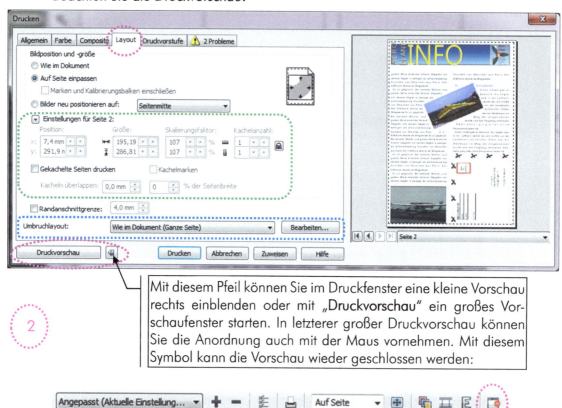

Mit diesem Pfeil können Sie im Druckfenster eine kleine Vorschau rechts einblenden oder mit „Druckvorschau" ein großes Vorschaufenster starten. In letzterer großer Druckvorschau können Sie die Anordnung auch mit der Maus vornehmen. Mit diesem Symbol kann die Vorschau wieder geschlossen werden:

Visitenkarten oder andere kleinere Drucksachen mehrmals auf ein größeres Blatt drucken kann folgendermaßen aktiviert werden:

♦ Bei **Umbruchlayout** können Sie aus der Abrollliste z.B. 4x3 wählen, um 4 Spalten und 3 Zeilen zu drucken, anschließend kann bei „**Bearbeiten**" in der Druckvorschau eingestellt werden:

Hier auf „**Spalten & Bindemarkierungen**", dann können Sie die Abstände einstellen (anklicken).

Links oder hier Spalten- und Zeilenanzahl vorgeben.

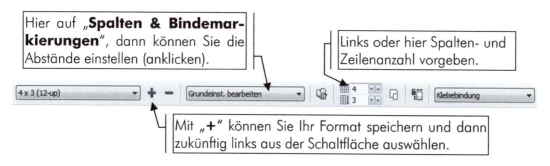

Mit „**+**" können Sie Ihr Format speichern und dann zukünftig links aus der Schaltfläche auswählen.

Eine andere Methode ist es, die Spalten und Zeilen durch **Hilfslinien** vorzugeben und vor dem Ausdruck die erste, fertige Visitenkarte in die anderen Zellen zu kopieren. Das ist zwar Handarbeit, dafür aber übersichtlich und funktioniert immer, während die obige Funktion bei jeder neuen Corel-Ausgabe etwas anders einzurichten ist.

12.3 Druckvorstufe, Farbe und Composite

Diese Karteikarten gehören zusammen, da Sie Funktionen für die Druckvorbereitung beim Offsetdruck (Folienherstellung) beinhalten.

Da im Offset-Druckverfahren alle vier Grundfarben nacheinander gedruckt werden, sind vier Folien für **cyan**, **magenta**, **yellow** und **black** zunächst anzufertigen, von denen danach die vier Druckplatten hergestellt werden. Auf jede Folie wird dabei nicht farbig, sondern schwarz gedruckt. Erst in der Druckmaschine wird die entsprechende Farbe aufgedruckt.

Solche Folien oder Farbauszüge, z.B. zur Überprüfung vor Weitergabe der Datei an ein Belichtungsstudio, können Sie im Corel anfertigen:

♦ Auf der Karteikarte **Farbe** ist oben statt Composite (alle Farben gemischt) auf „Auszüge drucken" umzuschalten.

♦ Dann können Sie auf der Karteikarte **Auszüge** entweder alle vier Farbauszüge drucken oder die Häkchen entfernen, um nur eine Farbe auszudrucken.

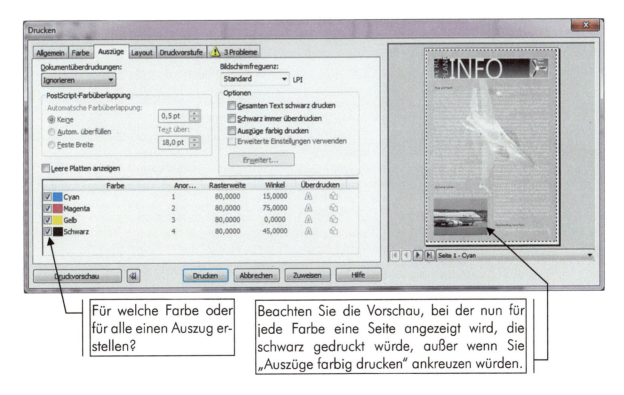

Für welche Farbe oder für alle einen Auszug erstellen?

Beachten Sie die Vorschau, bei der nun für jede Farbe eine Seite angezeigt wird, die schwarz gedruckt würde, außer wenn Sie „Auszüge farbig drucken" ankreuzen würden.

Überdrucken: es sollten keine hellen Farben über dunklem Hintergrund gedruckt werden, da es dann zu Farbverfälschungen kommt. „Schwarz immer überdrucken" würde bewirken, dass statt schwarz alle Farben gedruckt werden, damit dieses noch kräftiger wird.

12.3.1 Karteikarte Druckvorstufe

Damit beim späteren Belichten (= von der Folie wird eine Druckplatte je Farbe erstellt) möglichst keine Verzerrungen auftreten, wird **spiegelverkehrt** gedruckt, so dass der Film mit der bedruckten Seite auf die Druckplatte aufgelegt werden kann. Sonst müsste das Licht noch durch die ca. 0,1mm dicke Folie hindurch bis zur Druckplatte und würde dabei leicht abgelenkt, was die Schärfe der Ränder negativ beeinflusst.

Einen **spiegelverkehrten Ausdruck** können Sie auf der Karteikarte **„Druckvorstufe"** veranlassen.

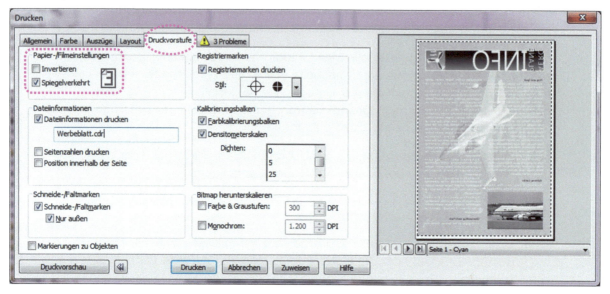

Sie könnten mit einem guten SW-Laserdrucker die Filme selbst erstellen, entsprechende **Folien** sind im Druckerei-Fachhandel erhältlich. Diese Folie wird anschließend auf die Druckplatte aufgelegt, durch **Belichtung** wird das Druckbild übertragen.

Für preiswerten Broschüren- oder Formulardruck z.B. einer Firmen-Hausdruckerei oder eines Vereins geeignet, weil die üblichen Drucker natürlich nicht die Qualität von professionellen Belichtungsmaschinen aufweisen. Für perfekte Ergebnisse geben Sie besser die Corel-Datei und alle weiteren verwendeten Materialien in die Druckerei.

- ♦ **Registermarkierungen** helfen, die Folien für die Plattenerstellung auszurichten. Wenn genügend Platz am Rand vorhanden ist, diese mitdrucken.

  ↳ Allerdings müssen Sie unten links **„Markierung zu Objekten"** ankreuzen, damit die Markierungen sichtbar sind.

- ♦ Die **Schneide/Faltmarkierungen** geben die Randbereiche des bedruckten Bereichs an, so dass damit die leeren Blattränder leichter weggeschnitten werden könnten.

- ♦ Ein **Farbkalibrierungsbalken** wird im Randbereich gedruckt und enthält die sechs Grundfarben rot, grün, blau, gelb, cyan und magenta und soll bei der Farbabstimmung helfen.

  ↳ **Densitometerskala**: ein Balken zum Kalibrieren mit den Grautönen.

12.4 Karteikarte Probleme

Hier werden mögliche Druckprobleme gemeldet, zum Teil sind dies jedoch harmlose Hinweise, z.B. **Warnmeldungen**, die Sie bei Einstellungen oder Extras-Optionen-Global-Drucken (s. S. 79) ändern könnten.

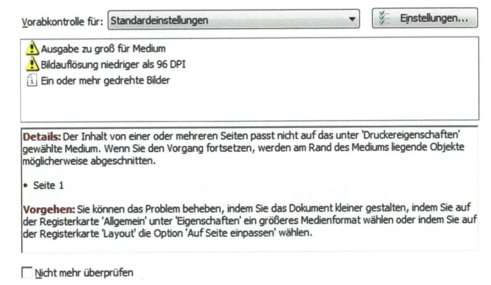

Beachten Sie immer die **Vorschau**. Auf die Vorschau ist Verlass!

12.5 Druckstil speichern

Wenn Sie einiges im Druckermenü eingestellt haben, könnten Sie auf der ersten Karteikarte „Allgemein" bei **Druckstil** mit „**Speichern unter**" diese Werte speichern, z.B. eine Einstellung für Farbauszüge auf Folien und eine für normale Endausdrucke auf Glossy-Papier.

13. Exportieren, HTML, PDF

In diesem Kapitel werden wir uns etwas damit befassen, wie Ihre Arbeiten zu einer Druckerei oder einem Satzstudio oder ins Internet gelangen könnten. Dabei ist es manchmal erforderlich, Zeichnungen in andere Dateiformate zu exportieren. Doch zunächst etwas über den Transport.

13.1 Transport zur Druckerei

Egal, ob Sie Ihre Arbeit per Email-Anhang an die Druckerei übermitteln oder auf CD, bzw. DVD weitergeben, Sie sollten dabei nicht nur die eigentliche Corel-Datei kopieren, sondern alles Verwendete zusammenstellen.

- Die beste Methode ist es, die Original-Corel-Datei weiterzugeben. Falls das Satzstudio nicht die gleiche Version verwendet, können Sie bei **Datei-Speichern unter** im Format einer älteren CorelDRAW-Ausgabe speichern.

  - ↳ Kopieren Sie **alle verwendeten Schriften** mit auf die CD, da selbst Schriften mit gleichem Namen manchmal etwas anders ausfallen, je nachdem, von welchem Hersteller diese stammen. Natürlich in einen Unterordner „Schriften".

  - ↳ Auch alle verwendeten **Bilder** und **Logos** sollten Sie im Original noch auf die CD brennen, damit die Druckerei ggf. korrigierend eingreifen kann, falls z.B. ein Foto anders angeordnet oder belichtet werden soll.

- Praktisch ist es hierzu, alle verwendeten Bilder und Schriften von vornherein in einen **Projektordner** zu kopieren. So ist immer alles zusammen, kann leicht gesichert und dadurch auch nach Jahren noch verwendet werden.

  - ↳ Mit dem Befehl „Datei-für Ausgabe sammeln" können Sie automatisch alle verwendeten Elemente (ClipArts, Fotos, verwendete Schriften und Farbprofile) in einen Ordner kopieren und zusätzlich eine pdf- oder Corel-Datei erstellen lassen.

  - ↳ Nach Fenstern, in denen die Schriften, Farbprofile usw. gemeldet werden, wird am Ende der **Zielordner** abgefragt. Da an dieser Stelle kein neuer Ordner erstellt werden kann, hierfür den Windows Explorer benutzen.

  - ↳ Es kann auch ein **komprimierter Ordner** erstellt werden, der dann leicht als Email-Anhang versendet werden könnte.

13.1.1 Problem Schrift

Solch eine abschließende Zusammenstellung können Sie gleich auch für sich selber als Sicherungskopie aufbewahren. So umgehen Sie evtl. Probleme, wenn Sie einige Jahre später dieses Projekt noch einmal aufrufen möchten, aber eine verwendete **Schriftart** nicht mehr auf Ihrem Rechner installiert ist. Um dieses Problem zu beseitigen, gibt es noch folgende Möglichkeiten:

♦ Sie können bei **Datei-Speichern unter** die Option „**Schriften mit TrueDoc (TM) einbetten**" ankreuzen.

✍ Damit werden die verwendeten Schriften mit dem Dokument gespeichert, so dass auch auf einem anderen Rechner, auf dem diese Schriften nicht installiert sind, die Datei korrekt angezeigt und bearbeitet werden kann.

♦ Im Windows herrscht Schriften-Chaos. Es sind Hunderte von Schriften vorhanden, eine identische zu finden wird damit praktisch unmöglich.

✍ Im Profibereich werden sogenannte **Postscript-Schriften** verwendet, auch als type 1-Schriften bekannt. Alle CorelDRAW-Schriften sind auch in diesem Format auf der CD vorhanden.

✍ **Type 1** Schriften kosten in der Regel viel Geld, dafür kann das Druckstudio, wenn der Name bekannt ist, exakt die gleiche Schrift verwenden. Erhältlich z.B. bei der Firma Linotype (www.linotype.de).

Besonders wichtig ist es, dass die Schriftart auch später reproduzierbar ist, wenn diese z.B. wie bei einem Firmenlogo immer absolut identisch aussehen soll oder wenn viel Text mit Silbentrennungen verwendet wurde oder wenn Sie sich viel Mühe gegeben haben, eine Schrift zu finden, die zu diesem Thema passt.

13.2 Dokument-Info

Wenn Sie herausfinden wollen, welche Schriften in Ihrem Projekt verwendet oder wie groß die vorhandenen Bilder oder wie viele gruppierte Elemente es gibt, sind Sie bei **Datei-Dokumenteigenschaften** richtig. Hier können Sie auch Informationen wie Titel, Autor oder Copyright oder Stickwörter ergänzen.

13.2.1 Objekte Manager

Im **Objekt-Manger** bei **Extras** können Elemente ausgeblendet werden, was gelegentlich auch zum Ausdruck nützlich ist.

Dafür könnten Sie mehrere **Ebenen** erstellen, auf einer z.B. den Text, auf einer anderen die Grafiken und auf einer dritten die Fotos anordnen und nichtbenötigte Ebenen vorübergehend unsichtbar machen, was allerdings nur bei äußerst komplizierten und eher technischen Zeichnungen sinnvoll ist.

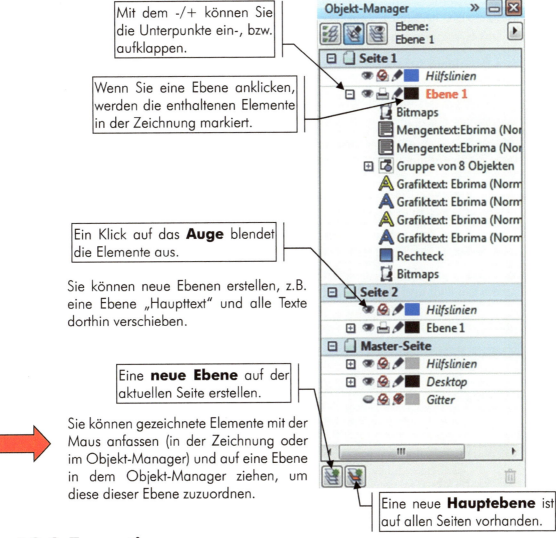

Mit dem -/+ können Sie die Unterpunkte ein-, bzw. aufklappen.

Wenn Sie eine Ebene anklicken, werden die enthaltenen Elemente in der Zeichnung markiert.

Ein Klick auf das **Auge** blendet die Elemente aus.

Sie können neue Ebenen erstellen, z.B. eine Ebene „Haupttext" und alle Texte dorthin verschieben.

Eine **neue Ebene** auf der aktuellen Seite erstellen.

Sie können gezeichnete Elemente mit der Maus anfassen (in der Zeichnung oder im Objekt-Manager) und auf eine Ebene in dem Objekt-Manager ziehen, um diese dieser Ebene zuzuordnen.

Eine neue **Hauptebene** ist auf allen Seiten vorhanden.

13.3 Exportieren

13.3.1 In andere Formate

Mit „Datei-Speichern unter" können Sie in zahlreiche **Dateiformate** exportieren, unter anderem in das **Adobe Illustrator-Format** (ai).

♦ Nicht alle **Import-/Exportfilter** werden bei der CorelDRAW-Installation geladen. Weitere können im Setup nachinstalliert werden.

♦ Wenn vorher Elemente **markiert** wurden, können nur diese exportiert werden (Option „nur markierte" ankreuzen).

♦ Sie sollten **Vektor**-Dateien möglichst nie in **Pixel**-Formate umwandeln, da dies ein Qualitätsverlust wäre.

13.3.2 Als PDF für den Adobe Acrobat Reader

Gerade das Schriftenproblem führt dazu, dass erstellte Dokumente auf anderen Rechnern möglicherweise chaotisch aussehen, da die ganze Formatierung durcheinander gewürfelt wird.

Jedes Programm besitzt zwar alle möglichen **Import- und Exportfilter**, jedoch werden meist nur Standardelemente richtig übernommen, bei komplizierteren Funktionen kommt es oft zu Konvertierungsfehlern.

Die Firma **Adobe** hat darum ein Programm entwickelt, um Dateien zu erstellen, die auf jedem Rechner so wie ursprünglich eingestellt angezeigt werden können. Das funktioniert nach diesem Prinzip:

♦ Das Programm **Adobe Acrobat** kaufen Firmen (Programme mit ähnlichen Funktionen sind auch als Freeware erhältlich), die Texte in dem PDF-Format erstellen wollen, die dann auf jedem Rechner

♦ mit dem im Internet kostenlos erhältlichen Programm **Adobe Acrobat Reader** (www.adobe.de) geöffnet werden können. Darum ist auf Treiber-CDs die Anleitung meist in diesem PDF-Format beigegeben.

Im CorelDRAW können Sie folgendermaßen in PDF exportieren:

♦ Mit **Datei-Als PDF freigeben** wird das Menü geöffnet, dort können Sie auch das Ziel wählen. Dieser Befehl geht nur, wenn Sie gerade mit dem Textwerkzeug Text geschrieben haben.

    ↳ Je nach gewähltem Ziel (PDF-Stil: Druckvorstufe, fürs Web ...) wird die Qualität und Dateigröße entsprechend eingestellt.

Das Exportmenü für PDF:

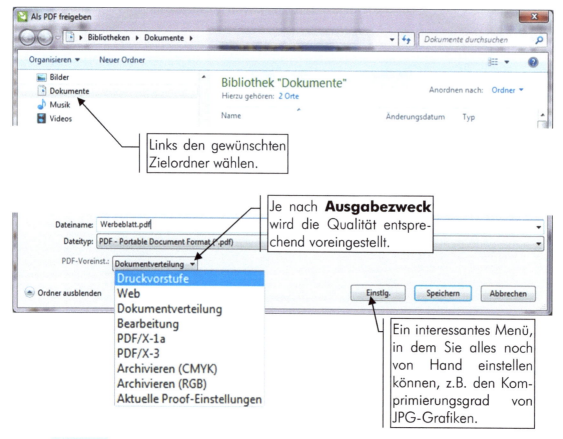

Links den gewünschten Zielordner wählen.

Je nach **Ausgabezweck** wird die Qualität entsprechend voreingestellt.

Ein interessantes Menü, in dem Sie alles noch von Hand einstellen können, z.B. den Komprimierungsgrad von JPG-Grafiken.

13.4 Andere Exportmöglichkeiten

◆ Mit **Datei-Für Office exportieren** können Sie in das PNG (Portable Network Grafic) umwandeln, um die Dateien in Office optimal verwenden zu können. Je nach Optimierungsmethode verändert sich die Dateigröße und Auflösung.

    ✍ Alternativen, wenn Sie eine Corel-Zeichnung in einem Office-Programm verwenden wollen: mit **Datei-Speichern unter** in das wmf-Format exportieren oder mit **Corel Capture** ein Foto im jpg-Format erstellen.

◆ Concept Share: mit Datei-Seite in ConceptShare freigeben können Sie Ihre Arbeit auf einer Corel-Webseite veröffentlichen, um weltweiten Zugriff zu haben oder diese mit anderen Usern dieser Seite zu besprechen und auszutauschen.

    ✍ Eine Registrierung ist erforderlich und **nur 14 Tage kostenlos.**

    ✍ Es gibt inzwischen zahlreiche kostenlose Alternativen, z.B. Microsoft Skydrive, bzw. die meisten Provider bieten etwas kostenlosen Online-Speicher.

13.5 Seitensortierung

Diese Funktion erleichtert es in der Druckvorbereitung, die Seiten für den Ausdruck auf einem großen Druckbogen in der **richtigen Reihenfolge** zusammenzustellen.

➢ Wählen Sie **Ansicht-Seitensortierungsansicht**:

◆ Wenn Sie z.B. in Kleinauflage ein geklammertes Heft mit je zwei DIN A5 Seiten auf einer DIN A4-Seite erstellen wollen, ist es übersichtlicher, die Seiten im Corel bereits so zu zeichnen, wie diese anschließend gedruckt werden sollen.

    ✍ Alternative: manuelle Seitensortierung im Druckmenü, z.B. zuerst alle geraden Seiten oder Angabe: 1;3;5 usw.

14. Internet-Optimierung

14.1 Übersicht

Es gibt im CorelDRAW mehrere Methoden und Werkzeuge, um Objekte oder Seiten für das Internet tauglich zu machen. Diese werden wir uns anhand einer kurzen Übung anschauen.

- ◆ **Datei-für das Web exportieren** erstellt aus dem Projekt eine Bilddatei, wobei das Format und die Qualität gewählt werden kann: gif, jpg oder png mit jeweils verschiedenen Auflösungen.
  - ✎ Damit ist zwar sichergestellt, dass es nicht zu Verschiebungen kommt, doch entsteht ein Pixelbild.

- ◆ **Datei-HTML exportieren** wandelt die Zeichnung ins Internet-Format HTML um, wobei verschiedene Einstellungen mit mehr oder weniger guter Kompatibilität bei HTML-Layoutmethode (z.B. Text als Tabelle) gewählt werden können.
  - ✎ Je nach Projekt, besonders bei viel Text und mehreren Seiten, kann es zu Darstellungsfehlern kommen.

- ◆ Empfehlenswerter ist es, **Internet-Seiten** in einem dafür vorgesehenen Programm zu erstellen.
  - ✎ Ergänzend können Sie im CorelDRAW **einzelne Elemente** wie Logos, Schaltflächen usw. zeichnen, exportieren als png oder jpg und in die Webseiten integrieren.

PNG

  - ✎ Webseiten-Programme bieten einfachere Möglichkeiten, Webseiten zu erstellen, mit Hyperlinks zu versehen und diese zu verwalten, z.B. MS FrontPage.

  - ✎ Gezeichnete Vektor-Elemente sollten Sie in **PNG** (Portable Network Grafik) konvertieren, ein universelles Format für den Dateiaustausch. Die Originale unbedingt auch speichern, da PNG Pixelgrafiken erstellt.

  - ✎ Fotos sollten im **JPG**-Format verwendet werden, welches den Standard für Internet-Bilder wegen der guten Komprimierung bildet.

  - ✎ Gezeichnete Schaltflächen, bei denen 256 Farben ausreichen, sind oft im **GIF**-Format gespeichert, da die Dateigröße dann noch kleiner ist als im jpg.

Grundwissen über Webseiten, Inhaltsverzeichnisse oder das Hochladen finden Sie in unserem **Internet-Buch** beschrieben oder in unseren Buch zu MS FrontPage.

14.2 Übung HTML-Umwandlung

Erstellen Sie folgende Übung:

Eine kurze Anleitung:

- Neue Zeichnung, DIN A5 quer, Gitter alle 5 mm und **Hilfslinien** für die Seitenränder.

- Ein Rechteck für die Füllung, diese ist ein um 90° gedrehter frei eingestellter **Farbverlauf**.

- Den Text zeilenweise schreiben, Schriftart und –größe einstellen und anordnen, dann dem obersten Text eine Kontur mit 16 Stufen á 0,05 mm zuweisen.

- Abschließend jede weitere Textzeile markieren und **Effekte-Effekt klonen** wählen und die Kontur des ersten Textes anklicken.

Jetzt wird die Konvertierung getestet:

- Zuerst speichern, dann mit **Datei-HTML exportieren** das Projekt im HTML-Format speichern.

- Merken Sie sich dabei den **Speicherort**.

  - Dann aus dem Windows Explorer diese HTML-Datei anschauen und durch mit Doppelklicken öffnen.

  - Sie sehen, dass es zwar eine leere HTML-Datei gibt, die Grafik inklusive Text jedoch komplett als jpg-Foto gespeichert wird.

  - Besser wäre es deshalb, die Webseite in einem Webseitenprogramm zu erstellen und nur die Grafiken dort einzubauen.

- Da tatsächlich eine jpg-Datei erstellt wird, bietet die andere Möglichkeit **Datei-für das Web exportieren** mehr Einstellmöglichkeiten und verschiedene Komprimierungsverhältnisse.

Probieren Sie daher jetzt **Datei-für das Web exportieren:**

Je nach gewähltem Typ (jpg, gif oder png und gewählter Qualität (bei „Original") ändert sich die Dateigröße nach der Umwandlung.

14.3 Übung Webseite von Vorlage

Wir wollen jetzt eine kleine **Webseite** für einen Verein erstellen.

➢ Mit **Neu aus Vorlage** (Datei- oder bei dem Schnellstart-Menü) die Vorlage **Tourismus AU** bei „Alle" oder „Anzeigen" öffnen.

◆ Wenn Sie das Bild anklicken, können Sie mit der Schaltfläche „**Bitmap vektorisieren**", dann **Blitzvektorisierung** (und Bild reduzieren bestätigen) die Dateigröße verringern und das Bild noch dschungeliger gestalten.

14.4 Hyperlinks einbauen

◆ Jeder Text oder jedes Objekt kann mit einem **Hyperlink** hinterlegt werden (bestimmte Funktionen gehen nicht für Mengentext).

Beim Klicken auf den Text „Vortrag…" soll eine entsprechende Seite mit detaillierten Informationen geöffnet werden.

➢ Diesen Text markieren, dann **Rechte Maustaste** darauf und **Objekteigenschaften** wählen.

➢ Auf der Karteikarte mit der Weltkugel können Sie die Adresse (URL) eintragen, die beim Klick auf den Hyperlink geöffnet werden soll.

    ✍ Dabei ist eine gültige **Internet-Adresse** (URL) einzutragen, die Sie vorher im Internet ermitteln sollten. Beim Anklicken würde diese Seite geöffnet werden.

    ✍ Wenn Sie die Seite auch erst erstellen, wird die Hyperlink-Adresse folgende: „Ihre Webadresse, z.B. www.australien-fanclub/vortragreisinger.htm - letzteres ist der Name der Seite. Dann diesen Hyperlink eintragen, der natürlich aber erst funktionieren kann, nachdem die Seiten ins Web kopiert wurden.

Das Eigenschaften-Menü für Hyperlinks:

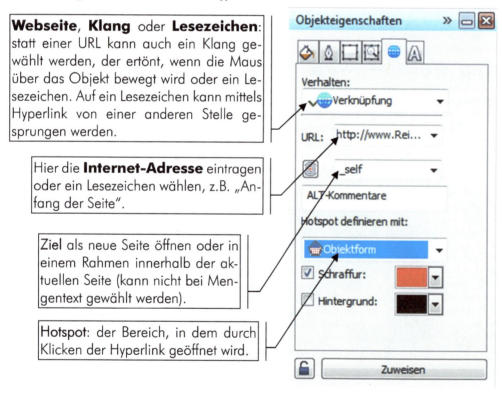

Webseite, **Klang** oder **Lesezeichen**: statt einer URL kann auch ein Klang gewählt werden, der ertönt, wenn die Maus über das Objekt bewegt wird oder ein Lesezeichen. Auf ein Lesezeichen kann mittels Hyperlink von einer anderen Stelle gesprungen werden.

Hier die **Internet-Adresse** eintragen oder ein Lesezeichen wählen, z.B. „Anfang der Seite".

Ziel als neue Seite öffnen oder in einem Rahmen innerhalb der aktuellen Seite (kann nicht bei Mengentext gewählt werden).

Hotspot: der Bereich, in dem durch Klicken der Hyperlink geöffnet wird.

Weiteres:

◆ Bei dem abg. **Symbol** können Sie wählen, ob die Seite in einem eigenen Rahmen (self) oder in einem neuen Fenster (blank) oder als oberstes Fenster (top) geöffnet werden soll (geht nicht bei Mengentext).

◆ Bei **Hotspot** kann entweder die genaue Objektform oder der Objektbegrenzungsrahmen (so groß wie die Anfasserpunkte) als Hyperlink-Bereich gewählt werden.

14.4.1 Interner Hyperlink und verknüpftes Bild

Leider werden etwas ungewohnte Bezeichnungen verwendet, so dass diese Möglichkeiten im Corel kurz vorgestellt sein sollen.

- ◆ Wenn Sie innerhalb einer Seite verweisen wollen, erstellen Sie dort zunächst ein **Lesezeichen,** vergleichbar einer Textmarke.
  - ↪ Dafür im obigen Menü bei Verhalten statt URL Lesezeichen, dann darunter den Namen für dieses Lesezeichen eintragen.
  - ↪ Dann können Sie im Corel einen **Hyperlink** auf dieses Lesezeichen erstellen.
  - ↪ Solch ein Hyperlink auf ein Lesezeichen geht aber nur von einer anderen Seite in diesem Webprojekt.

- ➢ Probieren wir dies aus: ergänzen Sie eine neue Seite, auf der der Vortragstext enthalten sein soll, und schreiben Sie dort einen kurzen Beispieltext. Dann diesen Text markieren und ein Lesezeichen „Vortragstext" erstellen.

- ➢ Jetzt können Sie zur ersten Seite wechseln, dort „Vortrag von…" markieren und in den Eigenschaften eine Verknüpfung erstellen, dabei bei URL das gerade erstellte **Lesezeichen Vortragstext** auswählen.

- ◆ Bei **Fenster-Andockfenster** finden Sie **Verknüpfungen und Lesezeichen**, in dem alle Lesezeichen angezeigt werden.
  - ↪ In diesem Menü können Sie auch eine Verknüpfung zu einem Bild mit der Schaltfläche unten erstellen.
  - ↪ Schaltfläche anklicken, dann das gewünschte Bild wählen. Der Unterschied zu normal eingefügten Bildern oder ClipArts liegt darin, dass das verknüpfte Bild nicht in der Corel-Datei gespeichert wird, sondern jedes Mal vom Original eingelesen wird.
  - ↪ Das reduziert die Dateigröße der Corel-Arbeit, allerdings darf die Originaldatei nicht verschoben oder umbenannt werden und die Verknüpfung funktioniert auch nicht, wenn diese Arbeit z.B. auf einen anderen Rechner kopiert wird – also angesichts der heutigen Festplattengrößen keine sinnvolle Vorgehensweise.

> Mit Lesezeichen können Sie also innerhalb einer Datei verweisen, mit Hyperlinks darauf oder auf beliebige Webadressen. Sie könnten grafisch gestaltete **Schaltflächen** erstellen, ggf. sogar im Photo-Paint als GIF-Schaltfläche und mit Hyperlinks hinterlegen, um ansprechende Webseiten zu erstellen.

14.5 Rollover erstellen

Ein Rollover ist ein Objekt, z.B. ein Rechteck, das die Farbe ändert, wenn die Maus darüber gehalten wird. Beim Klicken wird noch einmal die Farbe oder Objektform geändert, z.B. könnte es so eingerichtet werden, dass es wie ein gedrückter Schalter aussieht.

> ➢ Zeichnen Sie ein Element, z.B. ein Rechteck, welches als Hintergrund für die Australien-Überschrift dienen soll. Dieses leicht transparent hinter die Überschrift setzen.

> ➢ Dann dieses Rechteck markieren und **Effekte-Rollover-Rollover erstellen** wählen.

> ↳ Nichts passiert anscheinend, so geht es weiter: wenn Sie auf dem Objekt die rechte Maustaste drücken und „Rollover bearbeiten" wählen, erscheint eine Symbolleiste, die aber noch nichts nützt, und unten die Karteikarten zum Einstellen.

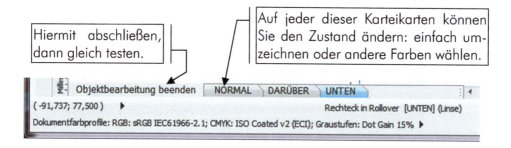

Damit können Sie auf jeder Karteikarte das Objekt anders formatieren, z.B. andere Linien- und Füllfarben wählen.

> ➢ Bitte auf jeder Karteikarte andere Farben zuweisen.

> ➢ Wenn alle Ansichten fertig sind, **Objektbearbeitung beenden**.

Dann können Sie dieses mit der Symbolleiste testen.

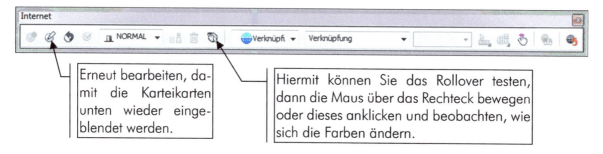

Hier wurde noch der Effekt Verzerren angewendet:

> Hinweis: nach dem Bearbeiten mit den grünen Häkchen bestätigen, außerdem ist die Live-Vorschau für erneutes Bearbeiten immer abzuschalten, dann kann erst das Symbol bearbeiten gedrückt werden. Einige Effekte wie Kontur gehen für Rollover nicht.

Nun sind auch die drei Zustände klar verständlich:

- **Normal** ist der normale Zustand,
- **Darüber**, wenn die Maus über das Objekt bewegt wird und
- **Unten**, wenn dieses angeklickt wird.

Somit können interaktive Objekte erstellt werden, die die Farbe oder Form ändern, wenn der Benutzer die Maus darüber bewegt oder das Objekt anklickt.

> Sie können auch mehrere Objekte markieren und für mehrere gleichzeitig ein Rollover erstellen.

14.6 Andere Alternativen

Um einfache HTML-Seiten zu erstellen, gibt es zahlreiche z.T. auch kostenlose Programme, z.B. bei www.freeware.de oder mit MS Word oder natürlich auch mit CorelDRAW. Für aufwendigere Projekte ist ein Programm sinnvoll, dass Hyperlinks automatisch aktualisieren kann, etwa MS FrontPage.

Da diese auf Webseiten spezialisierten Programme hierfür besser programmiert sind, ist es empfehlenswerter, die Webseiten damit zu erstellen und im Corel nur spezielle Grafikobjekte, die dann in die Webseite eingefügt werden:

- Im CorelDRAW können Vektor-Elemente gezeichnet werden, etwa Firmenlogos, Banner, Pfeile, Grafikobjekte wie ein Auge usw.
  - ↳ Zur problemlosen Verwendung in Webseiten danach als jpg oder png exportieren.
- Im Photo-Paint können Hintergrunde erstellt werden oder Füllmuster oder Fotos passend bearbeitet werden, z.B. die Dateigröße reduzieren oder Ränder wegschneiden.
  - ↳ Für Fotos im jpg-Format speichern, für gemalte Schaltflächen mit wenig Farben im gif.

Notizen: ....

....

....

....

Fünfter Teil

Effekte

Spezielle Corel-Effekte, Skripts, Foto-Effekte

———————————

15. Weitere Corel-Effekte

Die wesentlichen Effekte wurden im ersten Band zu CorelDRAW, Effekte für Fotos im ersten Band zu Corel Photo-Paint beschrieben. Hier werden wir uns noch ein paar Effekte, die eher selten Anwendung finden, anschauen, sowie zunächst die interaktiven Menüs.

15.1 Interaktive Effekte am Beispiel der Hülle

Die Hülle und einige weitere Effekte finden Sie auch als sogenannte **interaktive Menüs** links in der Hilfsmittelpalette. Diese interaktiven Menüs sind für Geübte etwas schneller anzuwenden, aber nicht so übersichtlich wie das Andockfenster, weshalb letzteres im CorelDRAW-Band beschrieben wurde.

> Mit gedrückter Maustaste das Auswahlmenü öffnen für: Überblendung, Kontur, Verzerrung, hinterlegter Schatten, Hülle, Extrusion und Transparenz.

Bei vielen Effekten ist vom Objekt weg ein **Pfeil** zu ziehen, der die ungefähre Effektgröße vorgibt. Dieser Pfeil kann mit der Maus geändert oder der Effekt kann in der **Eigenschaftsleiste** fein abgestimmt werden.

Bei der **Hülle** jedoch kann in der Eigenschaftsleiste eine Voreinstellung gewählt oder mit der Maus das Objekt verformt werden.

> ➢ Neue Zeichnung, schreiben Sie „**Trompete**" und wählen Sie die **interaktive Hülle**, dann an den **Anfassern** die Hülle verändern.

Jetzt werden in der Eigenschaftsleiste die Befehle für die Hülle angezeigt:

> **Gerade Hülle** oder **krumme Hülle** für eine Trompete?

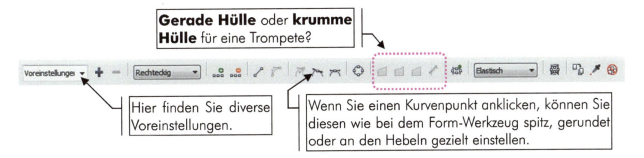

> Hier finden Sie diverse Voreinstellungen.

> Wenn Sie einen Kurvenpunkt anklicken, können Sie diesen wie bei dem Form-Werkzeug spitz, gerundet oder an den Hebeln gezielt einstellen.

Beachten Sie, dass Sie den Effekt in der **Eigenschaftsleiste** oder mit der **Maus** an den Anfasserpunkten (s. S. 107) einstellen können. Die Effekte-Menüs wurden im ersten Band zu CorelDRAW beschrieben.

15.2 PowerClip

Diese Funktion ist wie ein Fenster: wir sehen nur noch, was innerhalb des Fensters ist. Als Fenster zeichnen wir in dieser Übung einfach ein Rechteck. Nachdem die PowerClip-Funktion angewendet wurde, ist von dem Objekt nur noch der Teil innerhalb des Rechteckes zu sehen.

Vorgehen:

> ➤ Dreieck, dann ein Rechteck **zeichnen**.

> ➤ Das Dreieck (=Objekt) markieren.

> ➤ **Effekte-PowerClip-In Behälter plazieren** aufrufen und mit

> ➤ dem dicken Auswahlpfeil das Rechteck anklicken.

Jetzt wird nur noch der Teil des Objektes innerhalb des Rahmens angezeigt.

Weitere Optionen, auch über die rechte Maustaste erreichbar:

♦ **Effekte-PowerClip-Inhalt herausnehmen** trennt das Objekt wieder vom Rahmen – die PowerClip Aktion ist damit rückgängig gemacht.

♦ **Effekte-PowerClip-Inhalt bearbeiten**: damit kann das Objekt verändert werden, z.B. eine andere Füllung usw.

> ✋ Diese Funktion muss anschließend bei Effekte-Powerclip wieder abgeschlossen werden.

♦ Wenn Sie die **rechte Maustaste** auf dem PowerClip-Element drücken, können Sie „Inhalt mit PowerClip sperren" abschalten.

> ✋ Dann können Sie das Rechteck verschieben, so dass ein anderer Bereich des Dreiecks angezeigt wird. Mit aktivierter Einstellung sind beide Elemente verbunden.

Für die Möglichkeiten bei **Effekte-Anpassen** und **-Ändern**, die nur für Fotos anwendbar sind, verweisen wir auf das Buch zu **Corel Photo-Paint**.

15.3 Überblenden

15.3.1 Überblendung zuweisen

Beim Überblenden können Objekte mehrfach an einer Strecke entlang kopiert werden.

> ➤ Schreiben Sie z.B. ein **Fragezeichen**, schön groß einstellen und Farbe wählen. Dieses Fragezeichen ist der **Anfang**.

> ➤ Als **Ende** der Überblendungsstrecke ein **Ausrufezeichen** schreiben.

> ➤ Wählen Sie links aus der Hilfsmittelpalette den interaktiven Effekt **Überblendung**.

> ➤ Jetzt mit **gedrückter Maustaste** von dem ersten Fragezeichen einen Pfeil zu dem Ausrufezeichen ziehen.

15.3.2 Farben für die Überblendung

Zum Auswahlwerkzeug wechseln, zuerst im leeren Bereich, dann das erste Zeichen anklicken und eine andere Farbe wählen, ebenso das letzte Zeichen, dann entsteht automatisch der **Farbübergang**.

Außerdem können Sie die **Richtung**, in der die Farbscheibe von der Anfangs- zur Endfarbe durchwandert wird, wählen, was unterschiedliche Zwischentöne ergibt (Überblendung wieder anklicken).

In der Eigenschaftsleiste können Sie die Einstellungen ändern:

Zahl der Zwischenstufen.

Drehen

Farbübergang direkt von Anfangs- zu Endfarbe oder um die Farbscheibe.

Anderes Objekt als Anfang oder Ende wählen.

15.3.3 Überblendung drehen

In dem Menü bei **Effekte-Überblendung** finden Sie noch weitere Einstellmöglichkeiten, z.B. die Drehung und Schleife (=Bogen).

Drehung 360°:

Drehung 360° und Schleife:

Drehung 25° mit Schleife:

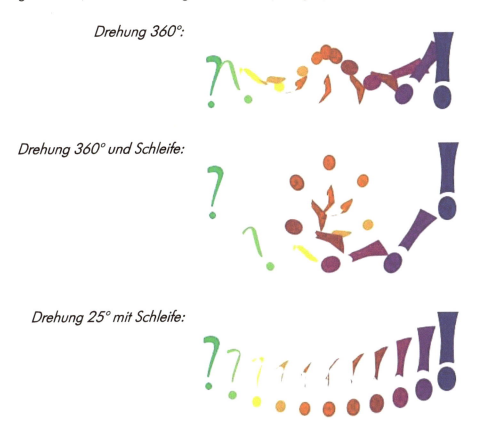

15.3.4 Beschleunigung

Wenn Sie die Überblendung anklicken und das Überblendungswerkzeug gewählt ist, können Sie an dem Schieber die Beschleunigung mit der Maus einstellen:

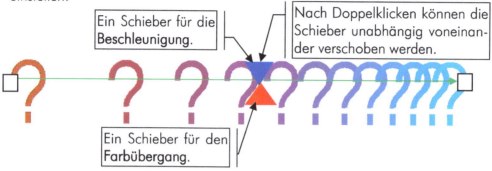

> Ein Schieber für die Beschleunigung.

> Nach Doppelklicken können die Schieber unabhängig voneinander verschoben werden.

> Ein Schieber für den Farbübergang.

Alle Einstellungen finden Sie sehr übersichtlich in dem Menü **Effekte-Überblenden**. Einige Hinweise:

- ♦ Mit der **Beschleunigung** werden am Anfang weniger, zum Ende immer mehr Objekte eingefügt, bzw. genau andersherum, wenn Sie den Beschleunigungspfeil nach links schieben.

  - ✎ Bei **beschleunigten Füllungen** wechselt die Farbe anfangs langsamer, zum Ende immer schneller.

15.3.5 Neuer Anfang, neue Strecke

Mit den rechts eingerahmten Symbolen können Sie ein anderes Element als **neuen Anfang**, **neues Ende** wählen.

Mit dem Symbol ganz rechts lässt sich eine **Strecke** bestimmen, z.B. ein Kreis oder eine Linie. Nach Zuweisen wird die Überblendung an diesem Kreis, bzw. an der Linie entlang geführt.

Danach erscheint auf der **ersten Karteikarte „Entlang gesamter Strecke überblenden"**, womit die Elemente passend verteilt werden.

Den **Kreis** könnten Sie anschließend löschen oder unsichtbar machen, indem Sie die Linienfarbe ausschalten.

Auf der **letzten Karteikarte** könnten Sie Überblendungen aufteilen oder zwei verschiedene Überblendungen zusammenführen.

15.4 Radieren und Zerschneiden

Bei dem **Form-Hilfsmittel** sind noch weitere Symbole vorhanden, mittels derer ein Objekt z.B. zerschnitten oder radiert werden kann. Im Einzelnen:

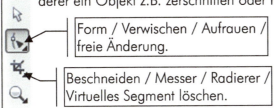

Form / Verwischen / Aufrauen / freie Änderung.

Beschneiden / Messer / Radierer / Virtuelles Segment löschen.

Bei allen Funktionen ist zuvor ein Objekt zu markieren.

♦ Die Werkzeuge **Form** zum Umformen der Wendepunkte sowie Beschneiden wurden bereits im ersten CorelDRAW-Band ausführlich beschrieben.

♦ Mit **Verwischen** kann von innen nach außen verwischt oder von außen nach innen „radiert" werden (ggf. zuerst in Kurven konvertieren).

   ↳ Mit „**Austrocknen**" abnehmende Wirkung, wie wenn ein Pinsel trocken wird.

   ↳ Eine Neigungseinstellung von 90° ergibt einen kreisförmigen Pinsel zum Verwischen.

♦ Mit dem Pinsel „**Aufrauen**" können die Ränder wie mit einer Harke aufgeraut werden.

   ↳ Zuerst ist das Objekt in Kurven umzuwandeln.

   ↳ Interessant mit größeren Spitzengrößen, damit die Fransen sichtbar sind, wie hier mit 20.

♦ Mit der „**freien Umwandlung**" kann per Maus gedreht, gespiegelt, schief gestellt und die Größe geändert werden, was eigentlich bei dem Befehl **Anordnen-Änderungen...** bereits möglich ist.

Messer, Radierer und Segment ist jetzt bei dem Beschneiden-Werkzeug:

♦ Mit dem **Messer-Werkzeug** können Objekte, z.B. ein Rechteck, zerschnitten werden.

   ↳ Es kann nur von Umrisslinie zu Linie geschnitten werden, nicht innerhalb eines Objektes.

Rechts: ein Rechteck wurde zerschnitten, die entstehenden zwei Hälften auseinandergeschoben.

♦ Mit dem **Radierer** können gezeichnete Elemente radiert werden.

   ↳ Die Größe und Form des Radierers lässt sich in der Eigenschaftsleiste einstellen.

♦ **Virtuelles Segment löschen:** z.B. bei mit Messer oder Radierer in mehrere Stücke zerteilten Objekten einzelne Bruchstücke löschen.

16. Extrudieren und Kopieren

16.1 Interaktives Extrudieren

Extrudieren wurde mittels des übersichtlichen Menüs bei Effekte-Extrudieren bereits im ersten Band zu CorelDRAW erläutert. Darum gehen wir hier die Einstellmöglichkeiten mittels des interaktiven Menüs nur kurz durch.

➤ Schreiben Sie den Beispieltext **EX**, eine sehr große Schrift einstellen und diesen Text zum Probieren mehrmals kopieren, dann einen Text markieren und das interaktive **Extrudieren** wählen.

➤ Jetzt mit der Maus, auf dem Text beginnend, einen Pfeil ziehen, um die Extrusionsrichtung und -tiefe vorzugeben.

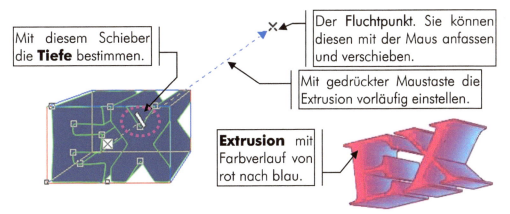

Mit diesem Schieber die **Tiefe** bestimmen.

Der **Fluchtpunkt**. Sie können diesen mit der Maus anfassen und verschieben.

Mit gedrückter Maustaste die Extrusion vorläufig einstellen.

Extrusion mit Farbverlauf von rot nach blau.

16.2 Mit der Eigenschaftsleiste einstellen

Jetzt können Sie entweder mit der Maus den Fluchtpunkt verschieben oder in der Eigenschaftsleiste alles Weitere (Farben, Beleuchtung …) einstellen.

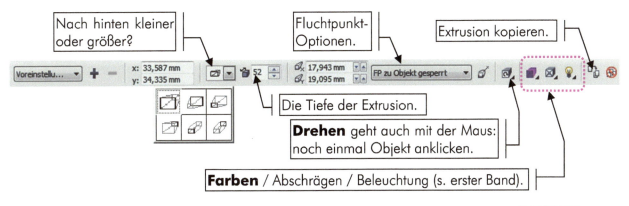

Nach hinten kleiner oder größer?

Fluchtpunkt-Optionen.

Extrusion kopieren.

Die Tiefe der Extrusion.

Drehen geht auch mit der Maus: noch einmal Objekt anklicken.

Farben / Abschrägen / Beleuchtung (s. erster Band).

16.3 Fluchtpunkt-Optionen

Fluchtpunkt zu **Objekt** oder **Seite** bewirkt, ob die Koordinaten des Fluchtpunktes vom Objekt oder vom Seitenursprung aus gemessen werden. Wenn Sie den Fluchtpunkt nicht finden, „FP von Objekt wählen" und z.B. 10/10 eingeben. Dann ist der Fluchtpunkt nur je 10 mm von der Objektmitte verschoben und somit sicher zu finden.

Mit **Fluchtpunkt kopieren** können Sie diesen von einer anderen Extrusion übernehmen, mit **Gemeinsamer Fluchtpunkt** (anschließend beide oder mehrere Extrusionsflächen anklicken) gilt der Fluchtpunkt für beide Elemente, auch wenn dieser verschoben wird.

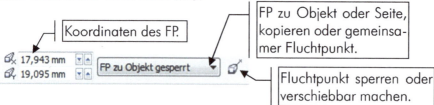

Koordinaten des FP.

FP zu Objekt oder Seite, kopieren oder gemeinsamer Fluchtpunkt.

17,943 mm   FP zu Objekt gesperrt

19,095 mm

Fluchtpunkt sperren oder verschiebbar machen.

16.4 Abschlußübung Extrudieren

Probieren Sie folgendes Plakat:

In dem Ordner Miscellaneous finden Sie z.B. dieses Bild.

> Der obere **Text** wurde mit einer **Extrusion** versehen. Durch abgeschrägte Kanten und zwei Lampen wirken die Buchstaben echt.

> Der **Hintergrund** ist eine frei eingestellte Farbverlaufsfüllung.

> Damit der **Angebotstext** besser lesbar ist, wurde diesem ein **hinterlegter Schatten** (kleines Leuchten, dann nach außen wählen) mit gelber Farbe zugewiesen.

> Der **Rahmen** außen herum wurde aus zwei kombinierten Rechtecken, denen eine **Kontur** nach innen zugewiesen wurde, erstellt.

16.5 Eigenschaften kopieren

♦ Die Objektfarbe oder die Schriftart können Sie kopieren, indem Sie das Original mit der **rechten Maustaste** auf das zweite Objekt ziehen.

    ✎ Im Fragefenster „**Füllung kopieren**" wählen, bei Text „Alle Eigenschaften kopieren", wenn Sie die Schriftart übernehmen wollen.

    ✎ Bei **Bearbeiten-Eigenschaften kopieren von...** finden Sie ein Menü hierzu.

16.6 Effekt kopieren oder klonen

Sie können Effekte von anderen Elementen kopieren, z.B. wenn ein zweiter Text genau die gleiche Extrusion erhalten soll.

Zum Kopieren gibt es folgende Varianten:

♦ Sie finden den Befehl unten im **Menü Effekte**:

    ✎ Ist das markierte Objekt für Effekte nicht geeignet oder wurde diesem Objekt noch kein Effekt zugewiesen, so sind die Funktionen deaktiviert.

♦ Sie können einen Effekt **kopieren** oder „**klonen**".

    ✎ Wenn Sie **klonen**, wird der Klon automatisch mit geändert, sobald Sie das Original ändern.

    ✎ Allerdings dürfen Sie nicht den Klon ändern, da dann die Verbindung zum Original unterbrochen wird.

Dies ist eine Möglichkeit, um mehrere Objekte mit einer gleichen Extrusion zu erstellen, indem die Extrusion für die anderen Objekte von dem ersten Originalobjekt kopiert oder geklont werden.

Vorgehen:

Die Funktionsweise: neues Objekt anklicken, **Effekte-Klonen** oder Kopieren wählen, dann das Original anklicken, von dem diese Eigenschaft übernommen werden soll.

Oder mit dem Befehl in der Eigenschaftsleiste:

➢ Ziel-Element markieren, dann das Symbol **Extrudieren**,

➢ dann kann in der Eigenschaftsleiste das Symbol für **Extrusion kopieren** angeklickt werden.

➢ Der Mauspfeil wechselt zu einem ganz dicken Pfeil, mit dem Sie die zu kopierende extrudierte Fläche (Quellobjekt) anklicken können.

16.7 Übung Extrusion klonen

➢ Schreiben Sie zwei kurze **Texte**, verschiedene Größe einstellen und kopieren, so dass es vier Texte gibt.

➢ Weisen Sie zwei „Originalen" eine **Extrusion** zu, dann diese Extrusion jeweils bei einem Text **kopieren**, bei dem anderen **klonen**.

➢ **Ändern** Sie die Extrusion bei den Originalen und beobachten Sie die Wirkung bei den Kopien. Drehen Sie auch die Originale.

16.8 Hülle erstellen oder kopieren

Bei manchen Effekten gibt es noch die Möglichkeit, ein Objekt als Hülle oder Strecke zu verwenden. Sie können z.B. Text an einem Objekt ausrichten oder eine Überblendung einer Strecke folgen lassen oder für eine Hüllenform ein Objekt verwenden.

➢ Zeichnen Sie eine **Ellipse** und schreiben Sie einen **Beispieltext**.

➢ Text anklicken und den interaktiven Effekt **Hülle** wählen (Effekt-Symbol).

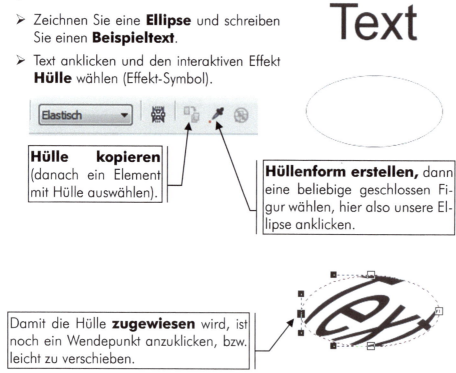

Hülle   kopieren
(danach ein Element mit Hülle auswählen).

Hüllenform erstellen, dann eine beliebige geschlossen Figur wählen, hier also unsere Ellipse anklicken.

Damit die Hülle **zugewiesen** wird, ist noch ein Wendepunkt anzuklicken, bzw. leicht zu verschieben.

Die Eigenschaften eines Effektes können Sie nur kopieren, wenn dieser Effekt bereits einem Element zugewiesen wurde.

16.9 Effekte löschen

Mit dem letzten Symbol können Sie Effekte wieder entfernen.

Sechster Teil

Fotos

Mit Fotos arbeiten,
Film, Bildsprühdose, Wasserzeichen

17. Fotos freistellen

In diesem Kapitel wird ein Veranstaltungsplakat entworfen. Dabei sind in der Regel zuerst geeignete Fotos auszuwählen und zu bearbeiten.

17.1 Wiederholung Grundlagen für Fotos

- ◆ Bei Fotos für ein Familienalbum wollen Sie das ganze Foto. Wenn wir ein Foto allerdings in einem Plakat oder einer Werbeanzeige verwenden, interessiert oft nur ein Teilbereich oder ein **Objekt** daraus.

  - ✤ Der mit abgebildete **Hintergrund** stört nur oder lenkt zu sehr von dem eigentlichen Objekt ab.

  - ✤ Darum ist das gewünschte Objekt aus dem Foto herauszuschneiden, in der Fachsprache wird von „**freistellen**" gesprochen.

  - ✤ Die **Maskenwerkzeuge** hierfür wurden im ersten Band zu Photo-Paint ausführlich beschrieben. Jetzt wollen wir die Anwendung nur an einem möglichst perfekt gestalteten Plakat vertiefen.

Vergrößertes Blütenblatt.

Zur Erinnerung:

- ◆ Bei einem Foto im Computer hat der Scanner oder die Digitalkamera das Bild Punkt für Punkt gespeichert (engl.: Pixel = picture elements = Punkt).

  - ✤ Darum können wir in einem Foto nicht so einfach ein Teil anklicken, kopieren oder verschieben, da es nur verschiedenfarbige Pixel gibt, sondern müssen den gewünschten Bereich zuerst mit einem Markierungsrahmen, einer **Maske**, markieren.

  - ✤ Wenn die Maske, die beliebig oft korrigiert und angepasst werden kann, stimmt, können wir diesen markierten Bereich kopieren.

  - ✤ Das Kopierte können wir in beliebigen anderen Fotos einfügen oder als eigenes Foto speichern.

  - ✤ Solche herausgeschnittenen, nun frei kopier- und verschiebbaren Bildteile sind **Objekte**.

Ein Objekt.

- ◆ Alle Befehle hierfür sind oben im Photo-Paint unter **Objekte** und **Masken** zu finden, die wichtigsten zusätzlich als Symbole.

- ◆ Einige Befehle für Fotos sind auch im CorelDRAW unter „**Effekte**" und „**Bitmaps**" integriert.

17.2 Fotos in den PC

Den Weg, Fotos zu entwickeln und anschließend zu scannen, können Sie sich mit einem **digitalen Fotoapparat** sparen. Herkömmliche Fotos müssen zuerst gescannt werden, was auch mit einem Qualitätsverlust verbunden ist.

♦ **Optimale Scanauflösung** für hochwertige Fotos: 600 dpi bei 24 bit Farbtiefe. Aber jeder Scanner und Drucker ist anders.

  ✎ Machen Sie darum **Testreihen**: mit 300, 600, 900, 1200 und evtl. noch mehr ein Foto scannen und auf Ihrem Drucker mit der besten Auflösung und Ihrem besten Papier drucken. Ab einem gewissen Wert wird keine Qualitätssteigerung mehr erkennbar sein.

  ✎ Wenn Sie Fotos an eine **Druckerei** weitergeben wollen, sollten Sie frühzeitig ein Testbild übermitteln, denn die dpi-Angaben eines Scanners oder einer digitalen Kamera sagen wenig über die tatsächliche Qualität aus.

  ✎ Je nach Druckausgabe (Papiersorte, Druckverfahren) sind andere Qualitätsansprüche an die Vorlagen zu stellen (Foto privat: 30 MB, prof.: 200 MB unkomprimierte Dateigröße). Darum kann es sein, das Fotos, die auf dem guten Tintenstrahldrucker perfekt aussehen, für einen Offsetdruck auf Hochglanzpapier ungeeignet sind.

♦ Wenn kein Gruppenfoto mit zwanzig Personen gewünscht ist, sondern nur ein Objekt, liefern gute **digitale Kameras** ab zehn Mega-Pixeln verwendbare Ergebnisse. Ab 8 Megapixel gibt es ordentliche Fotos und für professionelle Anwendungen sollten es natürlich 10 oder mehr Megapixel sein.

  ✎ Ziehen Sie aktuelle **Testberichte** zu Rate, da viele digitale Kameras Farben verfälschen oder aus geraden Linien krumme machen.

  ✎ Wenn z.B. ein Produkt, dass für einen Werbeprospekt abgelichtet wird, vor einer Leinwand mit einer Farbe, die im Objekt nicht vorkommt, aufgenommen wird, kann im Photo-Paint mit der **Farbmaske** das Objekt einfach vom Hintergrund gelöst werden.

♦ **Fotosammlungen**: von einigen Firmen gibt es Fotosammlungen, die aus etlichen DVD's bestehen und für professionelle Anwender gedacht sind. Darum sind diese meist auch sehr teuer, aber immerhin wesentlich günstiger, als wenn ein Reporter auf Reisen gehen müsste.

  ✎ Bei preiswerten Foto-DVD's ist die Bildqualität oft nicht für Offsetdruck ausreichend.

  ✎ Im Internet gibt es auch zahlreiche Fotos, aber nur mit schlechter Qualität. Bei www.webshots.com können Sie sich die Fotos anschauen und kostenlos privat z.B. als Bildschirmhintergrund verwenden, für professionelle Anwendungen können bei Bedarf die Fotos in optimaler Qualität bestellt werden.

♦ Von Corel kann das Programm **PaintShop Pro X6 Ultimate** erworben werden, welches bessere Werkzeuge enthält als Photo-Paint, um Objekte vom Hintergrund freizustellen. Das Standardprogramm zum Freistellen ist neben Zusatzprogrammen für PhotoShop das Programm Cutout.

17.3 Foto freistellen

Wir wollen ein Veranstaltungsplakat für einen Hunde-Schönheitswettbewerb entwerfen. Damit alle diese Übung machen können, verwenden wir ein Foto von der CorelDRAW-DVD.

> ➤ Öffnen Sie im **Photo-Paint** das Foto Extras\Content\Photos**Animal\PH00098**.

Jedes Foto ist anders. Deshalb sind meist unterschiedliche **Maskenwerkzeuge** der Reihe nach einzusetzen.

Wir haben bei diesem Bild einen Sonderfall, da der Hintergrund fast einfarbig ist.

> ♦ Darum können wir in diesem Fall mit dem **Zauberstab** den Hintergrund aufnehmen. Einmal anklicken, dann zum + umschalten oder bei gedrückter Umschalt-Taste die weiteren Farbtöne des Hintergrundes aufnehmen.

Das gelingt fast perfekt, nur unten bleiben ein paar dunkel-schattierte Stellen, die noch zur Maske hinzugefügt werden müssen.

> ➤ Ebenfalls mit dem „+"die fehlenden Bereiche ergänzen. Das geht mit dem Maskenpinsel bei starker Vergrößerung und passender Pinselgröße und etwas Fingerspitzengefühl oder besser mit der Freihandmaske. Ggf. das „-" wählen und versehentlich zu viel markiertes entfernen.

> ➤ Abschließend die Maske invertieren, da wir ja eigentlich den Hund und nicht den Hintergrund maskieren wollen.

> ➤ Kopieren und dann **„Datei-Neu aus Zwischenablage"**. Anhand des neuen Bildes können Sie noch die letzten Fehler in der Maske erkennen.

> ✎ Dieses Bild schließen, ohne zu speichern, Maske korrigieren, erneut eine Kopie, und wenn die Maske perfekt passt, noch einmal abschließend speichern.

> Da es mit Arbeit verbunden ist, Objekte freizustellen, ist es empfehlenswert, diese in einen Ordner auf Ihrer Festplatte sortiert zu speichern, z.B. Fotos\Objekte\Tiere\Hunde. Damit erstellen Sie sich mit der Zeit eine **Objekte-Sammlung**.

> ➤ Speichern Sie das neue Bild mit dem Hund als Objekt in einen Ordner auf Ihrer Festplatte.

Auch mehrere Masken sind in einem Bild möglich:

Natürlich könnten Sie auch bei dem Andockfenster **„Fenster-Andockfenster-Kanäle"** die einzelnen Masken durch Klicken auf das Auge ausblenden. Einfacher ist es jedoch, eine erstellte Maske zu speichern. Dann kann diese Maske vorübergehend gelöscht werden, um eine weitere Maske zu erstellen.

Das war viel Arbeit. Zum Konservieren haben Sie zwei Möglichkeiten:

◆ Entweder Sie speichern das Foto mit der Maske in Photo-Paint-Format cpt ab, um den Maskeninhalt später erneut kopieren zu können,

◆ oder Sie kopieren den Maskeninhalt, dann **Datei-Neu aus Zwischenablage**, um ein neues Bild nur mit dem Objekt zu erhalten, und speichern dieses in dem Objektordner im cpt-Format.

17.4 Ins CorelDRAW übernehmen

➢ Beginnen Sie im CorelDRAW eine neue Grafik im Format **DIN A2** hoch. Dann den Hund einfügen und in die Mitte schieben.

◆ Total einfarbige Hintergrunde, deren Farbe nicht im Objekt vorkommt, können einfach mit dem Befehl „**Bitmaps-Bitmap Farbmaske**" direkt im Corel ausgeblendet werden.

    ✎ Wenn sich mit der **Pipette** keine Farbe aufnehmen lässt, ist zuerst **Bitmap-in Bitmap konvertieren** zu wählen.

Zunächst werden wir den **Text** ergänzen, dann ein paar **grafische Elemente**, um die Text-Effekte zu verstärken, abschließend wird experimentiert, welcher **Hintergrund** zu dieser Zusammenstellung passt. Eine **Abbildung** finden Sie auf der nächsten Seite.

➢ Gitter einrichten und aktivieren, z.B. alle 5 mm, dann Hilfslinien für die Seitenränder vom Lineal in die Zeichnung ziehen.

Der Informationstext:

➢ Die **Texte** jeweils einzeln schreiben, dann Schriftart wählen und passend anordnen.

➢ Damit die **Drehung** von **5. Juli** und **2004** gleich ist, nur den ersten Text schreiben, drehen, kopieren und den Text überschreiben. Falls schon geschrieben, die Drehwinkel-Einstellung in der Eigenschaftsleiste benutzen.

Der gedrehte Effekt-Text:

➢ Den Text, der in der Mitte gedreht werden soll, zunächst schreiben und in den Seitenrand kopieren, damit wir experimentieren können.

➢ Dann einen großen **Kreis** um den Hund zeichnen und den Text mit **Text-an Objekt ausrichten** an diesem Kreis ausrichten. Den Kreis-Mittelpunkt am besten mit Hilfslinien markieren.

    ✎ Den Text anschließend anklicken und **Anordnen-Kombination aufheben**, um dann den Kreis löschen zu können.

➢ Dann den Text-Mittelpunkt in die Mitte (210/300mm) zu dem Hund verschieben, Anordnen-Änderung-**Drehen** wählen und eine Kopie um 180° erstellen.

➢ Beide Texte markieren und eine **Überblendung** von dem oberen zu dem unteren Text durchführen (Pfeil vom oberen zum unteren ziehen), um den abgebildeten Effekt zu erreichen, dabei auch die Farbe passend wählen (Farbpalette) und den Hund danach nach vorne setzen.

Der Hintergrund:

> ➢ Ein **Rechteck** über die ganze Seite ziehen, nach hinten setzen und mit einer **Füllung** versehen.

> > ✎ Für die Druckerei diesen Rahmen etwas über den Rand hinausziehen. Der **Überstand** wird weggeschnitten.

> > ✎ Probieren Sie auch einen **einfarbigen Hintergrund**. Es muss nicht immer ein bunter Hintergrund sein, der von dem Text und der Botschaft ablenkt. Wichtig ist, dass die Farben zusammenpassen.

Zum Probieren:

Ein dunkler Hintergrund erfordert helle Schrift. Da Hintergrund und Textfarben und die Bilder harmonisieren müssen, ist einige Experimentierarbeit notwendig. Hierfür ist folgende Vorgehensweise praktisch:

◆ **Mehrere Seiten** ergänzen, auf die folgenden alles kopieren.

◆ Jetzt können Sie auf jeder Seite einen anderen Hintergrund wählen, die Schrift und den Textschatten farblich anpassen.

◆ Die Seiten ausdrucken, anschauen und wenn die Entscheidung gefallen ist, die anderen Entwürfe ggf. löschen.

Ein hinterlegter Schatten (kleines Leuchten, Farbe und Verlauf eingestellt) macht sich immer gut

Füllung Beispiele-Sonneneruption 2 bei gewählter Struktur Nr. (die Farbverteilung ist je nach Nr. anders).

Ein hinterlegtes Rechteck mit Transparenz erleichtert es, wichtigen Text zu erfassen.

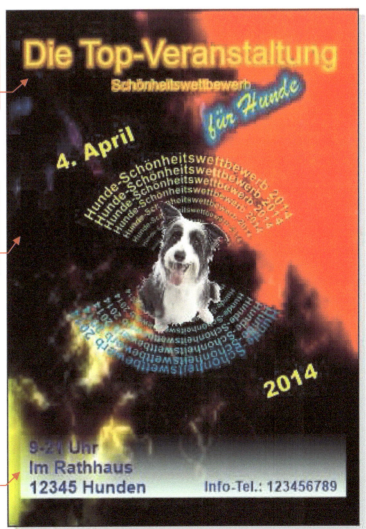

18. Photo-Paint spezial

18.1 Einen Film erstellen

Vielleicht wollen Sie auch eine Internet-Seite gestalten, um auf die Veranstaltung aufmerksam zu machen. Dann könnten Sie im Photo-Paint einen kleinen Film erstellen, der z.B. beim Klicken auf das Hunde-Bild auf der Webseite gestartet wird.

Ein Film soll entstehen, auf dem immer mehr Hunde erscheinen:

➢ Ein neues Bild mit dem Papierformat von ca. 200x800 Pixeln beginnen und den **Hintergrund** mit einer waagerechten, frei eingestellten Farbverlaufsfüllung versehen.

➢ Dann mit **Film-Aus Dokument erstellen** zum Film umwandeln.

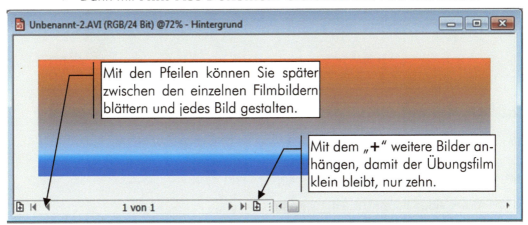

Hinweis: ein normaler Film besteht aus **25 Bildern je Sekunde** die Auflösung beträgt **720x576** Pixel (PAL-Standard für Europa) oder bei HDTV 1920x1080 Punkte.

Darum brauchen Filme etliche MB, weshalb meist im **mpeg**-Format komprimiert gespeichert wird.

Aktuelles Bild kopieren, damit die Farbverlaufsfüllung auf jedem Bild übernommen wird.

Sie können jetzt Bild für Bild durchgehen und passend ändern:

➢ Jetzt können Sie den Hund aus der vorigen Übung auf dem zweiten Bild einmal einfügen und passend verkleinern, dann diese verkleinerte Kopie erneut mit Kopieren im Arbeitsspeicher ablegen.

> Nicht kombinierte Objekte sind auf allen Bildern vorhanden. Wenn ein Objekt nur auf einem Bild erscheinen soll, muss dieses mit dem Hintergrund zusammengeführt werden.

➢ Darum jetzt zuerst den Hund markieren und mit [Strg]-[Umschalt]-[nach unten] mit dem Hintergrund zusammenführen.

➢ Auf dem nächsten Bild zweimal und auf den Folgenden immer öfter einfügen, bis das Bild voll von Hunden ist – jedes Mal, bevor Sie zum nächsten Bild wechseln, wieder mit dem Hintergrund zusammenführen.

    ✎ Sie können einige Hunde etwas vergrößern oder verkleinern, damit der Eindruck entsteht, als ob diese weiter vorn oder hinten wären.

➢ Abschließend den Film als **avi-Datei** mit Komprimierung speichern.

➢ Diese Datei können Sie anschließend durch Doppelklicken aus dem Windows Explorer ausführen oder in Ihren Webseiten einbauen und von dort per Hyperlink starten.

    ✎ Sie könnten auch im Photo-Paint im **Menü Film** diesen Abspielen oder mit Fenster-Symbolleisten die **Symbolleiste Film** (Fenster-) öffnen, um den Film im Photo-Paint abspielen zu lassen.

Leider kann im Photo-Paint keine Musik ergänzt werden.

18.1.1 Über die Komprimierung bei Videos

Zur Komprimierung: die meisten Kinofilme sind im **Cinepack**-Verfahren komprimiert. Für Computer sind jedoch bessere Komprimierungsraten erforderlich, weshalb hier meist in mpg2 oder mpg4 komprimiert wird.

avi: Windows Video Format, auch mit Komprimierung
mpg1: 320x240 Pixel (VCD-Standard)
mpg2: 720x576 Pixel (DVD- und TV-Standard)
mpg4: üblich 640x358, bis zu 1448x1086 möglich, stark verbesserte Komprimierung, aber nur auf Computern und neueren DVD-Geräten abspielbar.
HDTV: 1920x1080 Punkte

Die Entwicklung geht weiter, gerade um Filme auch für das Internet tauglich zu machen. **Mpeg4** bietet eine noch höhere Komprimierung, der erste Standard **mpeg1** ermöglicht nur die halbe Auflösung (320x240 Pixel je Bild). Mpg1 ist der Standard auf **Video-CDs**.

Für Apple Computer wurde das Programm **QuickTime** entwickelt, welches Filme im **mov**-Format speichert.

18.2 Mehr über Bildlisten

Bildsprühdosen sind im Photo-Paint wirkungsvolle Instrumente, um Fotos zu verschönern oder eigene Hintergründe zu erstellen.

- ◆ **Bildsprühdosen** sind in dem Ordner C:\Programme\Corel\Corel-Draw Graphics Suite X5\Custom Data\ImgLists gespeichert.

- ◆ Weitere Bildsprühdosen finden Sie auf der DVD in dem Ordner Extras\Content\Custom Data\Imglist.

18.2.1 Eigene Bildsprühdose erstellen

Wenn Sie eine eigene Bildsprühdose erstellen wollen, sind in der Praxis einige Kleinigkeiten zu beachten. Im Detail:

- ◆ Die Bilder können ein- oder mehrspaltig angeordnet werden, doch die **Abstände** müssen immer gleich sein, da sonst ein Teil des nächsten Bildes mit eingefügt wird.

Damit wir die Bilder im exakt gleichen Abstand einfügen können, werden wir im Photo-Paint das **Lineal** und das **Gitter** einschalten.

- ➢ Beginnen Sie ein **neues Foto** mit z.B. **120x20 mm** Größe.
  - ✎ Für qualitative hochwertigere Bildsprühdosen könnten Sie natürlich auch größere Formate wählen.
- ➢ Mit **Ansicht-Lineale** und **-Gitter** das Lineal und Gitter einschalten.
  - ✎ Beim Gitter erscheint nur die Einheit, z.B. **mm oder Pixel**, die beim Lineal eingestellt ist. Da wir den Gitterabstand in mm angeben wollen, rechte Maustaste auf dem Lineal, dann Lineal einrichten und als Einheit mm vorgeben.
  - ✎ Jetzt können Sie links **Gitter** anklicken und dort den Abstand auf 2 mm einstellen und
  - ✎ noch weiter zu Hilfslinien und **vertikale Hilfslinien** bei 20, 40, 60, 80 100 setzen.
- ➢ Jetzt könnten Sie die gewünschten **Objekte** in die einzelnen Bereiche einfügen. Das können ClipArts, freigestellte Objekte oder eigene Zeichnungen sein. Zur Übung werden wir Buchstaben verwenden.

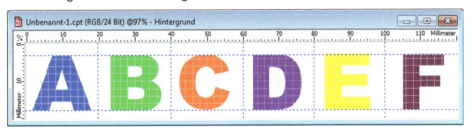

In einer Bildsprühdose folgen mehrere **maskierte** Objekte, damit Photo-Paint mittels der maskierten Bereiche diese Bereiche erkennen kann.

- ➢ Da die Buchstaben nach dem Zusammenstellen Objekte sind, alle mit einem großen Auswahlrahmen markieren, dann mit **Maske-Erstellen-aus Objekt erstellen** eine Maske erstellen.
- ➢ Jetzt können Sie die Bildsprühdose in Ihrem Übungsordner **speichern**.

18.2.2 Bildsprühdose laden

➤ Öffnen Sie ein beliebiges neues Bild. Dann das Werkzeug **Bildsprüh-dose** wählen und die neue Bildsprühdose **laden**.

Bildsprühdose wählen.   Bildsprühdose laden.

➤ Ihre Bildsprühdose finden Sie in Ihrem Übungsordner, wenn Sie diese zuvor dort gespeichert hatten.

Wenn Sie eine selbsterstellte Bildsprühdose laden, möchte Photo-Paint wissen, wie viele Bilder in jeder Zeile vorhanden sind. Da immer der letzte Wert vor-eingestellt ist, müssen Sie die richtige Anzahl der Bilder eintragen:

Wir haben nur eine Zeile mit sechs Bildern.
Wenn die Bilderanzahl nicht stimmt, überlappen sich die Bilder, also Werte passend korrigieren.

Wichtig ist der **Tupferabstand**, welcher den Abstand der einzelnen Bilder be-stimmt, sofern Sie diese nicht mit Einzelklicks setzten.

Ausprobieren, welcher Tupferabstand passt, z.B. 100 statt 25, oft ist es auch erwünscht, dass sich die Bilder überlappen.

Reihenfolge ändern:

Mit diesem Symbol können Sie die Reihenfolge der Bilder ändern oder einige Bilder nachträg-lich herausnehmen (s. nächste Seite).

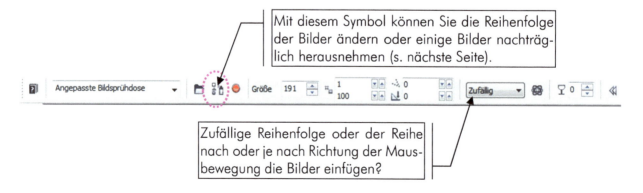

Zufällige Reihenfolge oder der Reihe nach oder je nach Richtung der Maus-bewegung die Bilder einfügen?

Dieses Menü erscheint, indem auch die von Corel beigegebenen Bildsprühlisten modifiziert werden können:

Ein rechts angeklicktes Bild nach oben oder unten verschieben.

Die Reihenfolge aller Bilder umkehren.

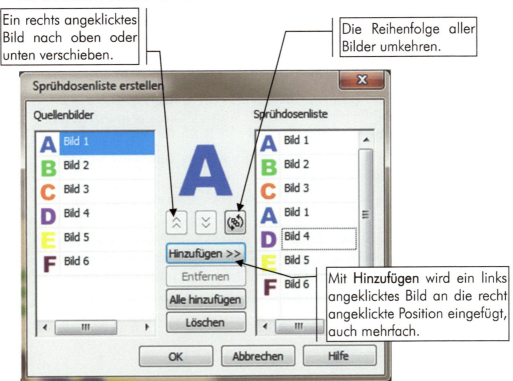

Mit **Hinzufügen** wird ein links angeklicktes Bild an die recht angeklickte Position eingefügt, auch mehrfach.

Wenn Sie sich über übliche Dateigrößen für Bildsprüher oder die Anordnung informieren wollen, können Sie **existierende Bildsprühdosen** als Photo in Photo-Paint öffnen, diese finden Sie in diesem Ordnern:
C:\Programme\Corel\CorelDraw Graphics Suite X5\Custom Data\ImgLists
oder von der DVD: Extras\Content\Custom Data\Imglist

Natürlich können Sie die Bilder auch kopieren und damit eigene Bildsprühdosen aus mehreren vorhandenen zusammenstellen oder eine Bildsprühdose öffnen und mit Datei-Speichern unter eine Kopie erstellen, um in dem gleichen Format dann die Bilder durch eigene zu ersetzen und so eine neue Bildsprühdose zu erstellen.

Rechts: der gerade erstellte Buchstaben-Sprüher wurde verwendet, um einen Hintergrund zu malen:

18.3 Noch mehr Füllungen

18.3.1 Füllungen finden

Wenn Sie im CorelDRAW oder Photo-Paint noch mehr Füllungen suchen, werden Sie in diesem Ordner fündig.

- ♦ **C:\Programme (x86)\Corel\CorelDraw Graphics Suite X5\-Custom Data.** Probieren Sie es z.B. in den Unterordnern **Patterns**, **Brushes**, **BumpMap** oder **Tiles**.

  ↳ Hier sind die Füllmuster gespeichert, die Sie bei dem Fülleimer bereits auswählen können.

  ↳ Aus dem Windows Explorer haben Sie eine bessere Vorschaugrafik und können damit besser eine passende Füllung finden.

  tiles   ♦ Auch auf der Corel-DVD sind diese Füllmuster in dem Ordner Extras\Content\Custom Data**Tiles** abgespeichert, leider aber nicht mehr als bereits installiert.

- ♦ Im **Connect** können Sie sich informieren, ob es im Internet weitere und neue Füllmuster gibt.

18.3.2 Füllungen laden

Es gibt noch mehr Füllmuster. Zum Laden den **Fülleimer** wählen, hier am Beispiel aus Photo-Paint.

> ➤ Da diese Füllmuster Pixelbilder sind, können Sie bei den **Bitmap-Füllungen** bei **Füllungen bearbeiten** weitere Füllungen **laden**.

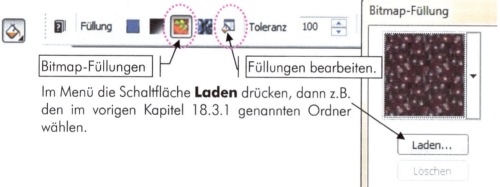

Bitmap-Füllungen   Füllungen bearbeiten.

Im Menü die Schaltfläche **Laden** drücken, dann z.B. den im vorigen Kapitel 18.3.1 genannten Ordner wählen.

18.3.3 Füllungen selbst erstellen

Sie können jedes Foto oder Bild als Füllung verwenden, indem Sie dieses als Füllung laden.

- ♦ Da die Füllung gekachelt wird, empfiehlt es sich, ein Bild vorher zu verkleinern (Bild-Bild neu aufbauen) oder nur einen quadratischen **Teilbereich** als Füllung abzuspeichern:

  ↳ mit Rechteckmaske auswählen, kopieren, dann Datei-Neu aus Zwischenablage, dort mit dem Hintergrund zusammenführen und speichern.

  ↳ Als **Dateiformat** können Sie bmp, cpt, JPG oder auch andere verwenden.

18.3.4 Rahmen

- Auf der Corel DVD finden Sie einige **Rahmen** für Photo-Paint in dem Ordner ClipArt**Frames**.

  ☞ Hier finden Sie etliche für CorelDRAW gezeichnete Vektor-Rahmen.

- Gemalte Photo-Paint-Rahmen sind noch in dem Ordner Extras\\Content**Custom Data\\Frames** zu finden. Da es Pixelbilder sind, ist die Qualität nur für normale Ausdrucke ausreichend.

18.4 Ein Wasserzeichen

Wenn Sie Bilder im Internet veröffentlichen, kann jeder sich diese Bilder herunterladen. Darum ist der Versuch entstanden, als zusätzlichen Copyright-Schutz Bilder mit einem Wasserzeichen zu versehen, das nicht gelöscht werden kann, ohne das Bild zu zerstören.

Eine andere Methode ist es, im Internet nur Bilder mit geringer Auflösung zu verwenden, die gerade zum Ausdruck auf einem privaten Tintenstrahldrucker ausreichen, und die Bilder in guter Qualität zum Verkauf anzubieten.

Wasserzeichen selbst erstellen:

Ganz unproblematisch können Sie Wasserzeichen selbst erstellen, indem Sie Ihren Namen über das Bild schreiben und den **Text in eine Maske umwandeln** (Maske-Aus Objekt erstellen). Dann können Sie den Text löschen, die Maske in Textform bleibt erhalten, so dass an diesem Bereich das Bild z.B. heller eingestellt werden kann.

Das könnten natürlich versierte Anwender weitgehend rückgängig machen, indem diese den Text erneut schreiben, in eine Maske umwandeln und die Helligkeit durch Ausprobieren auf den anfänglichen Wert zurücksetzen. Bis jedoch eine gleiche Schrift gefunden und alles eingerichtet ist, wäre dies ein enormer Aufwand und bei einer seltenen Schrift fast unmöglich.

Praktisch unmöglich wird dies jedoch, wenn Sie statt einfach zu Erhellen Effekte wie eine Farbänderung per **Solarisation** oder den 3D-Effekt **der Boss** verwenden, die das Bild physikalisch verändern oder sogar mehrere Effekte kombinieren.

Um wirklich jede Löschversuche eines Wasserzeichens zu verhindern, könnten Sie bei **Digimarc** (www.digimarc.com) ein Wasserzeichen beantragen, in dem die Copyright-Daten dem Bild durch ein bestimmtes Rauschmuster hinterlegt werden. Ein Vorteil ist, dass solche Wasserzeichen nicht erkennbar sind, ein Nachteil, dass Ihnen dieses Copyright nicht viel nützt, wenn das Bild abgedruckt wird und Sie nicht zufällig etwas davon erfahren.

Auf solche Wasserzeichen können Sie Fotos mit dem Effekt **Digimarc-Read Watermark** untersuchen lassen. Mit Embed Watermark lassen sich eigene Wasserzeichen in ein Bild einbauen.

19. Zum Schluss

In diesem Kapitel wird noch einmal auf zwei Möglichkeiten hingewiesen, wie Sie Objekte präzise verändern und die Voreinstellungen ändern können.

19.1 Voreinstellungen ändern

Egal, ob Sie die Voreinstellung für Text oder etwa für die Füllung ändern wollen, das Prinzip ist immer gleich:

- ◆ Wenn im CorelDRAW **kein Objekt markiert** ist und Sie etwas ändern (Schriftgröße, Füllungseinstellungen ...), so geht Corel davon aus, dass Sie die Voreinstellungen ändern wollen.
  - ✎ Ein Fenster erscheint, in dem Sie dies bestätigen sollen und wählen können, für welche Elemente dies gelten soll.

Voreinstellung für diese Grafik oder für alle neuen Grafiken ändern:

- ◆ Mit **OK** gelten die neuen Einstellungen nur für die **aktuelle Grafik**.
- ◆ Mit **Extras-Als Standard speichern** können Sie alle Einstellungen der aktuellen Grafik als Voreinstellung speichern,
  - ✎ bei **Extras-Optionen**, dann **Dokument**, können Sie auswählen, dass z.B. nur die Schrifteinstellungen als Standard für alle neuen Grafiken gespeichert werden sollen!

Hier noch ein Hinweis für versierte Anwender:

Corel-Vorlagen können Sie verwenden, indem Sie neue Zeichnungen mit **Datei-Neu von Vorlage** beginnen. Die meist sehr einfachen Vorlagenzeichnungen bringen jedoch nicht sehr viel Arbeitserleichterung.

- ◆ Sie könnten Sie sich **mehrere Vorlagen** selbst erstellen, z.B. eine für Visitenkarten und eine andere für DIN A2-Plakate, indem Sie diese
  - ✎ in dem Corel-Ordner für Vorlagen: C:\Programme (x86)\Corel\CorelDraw Graphics Suite X5\Custom Data\Templates speichern und beim Speichern auf Dateityp Vorlage umschalten.

19.2 Die Optionen

◆ Bei **Extras-Optionen** können Sie Corel einstellen, z.B.

 ✎ ob die **automatische Speicherung** alle 20 Minuten gewünscht ist und eine Sicherungskopie erstellt werden soll (Arbeitsbereich-Speichern),

 ✎ ob der **Begrüßungsbildschirm** beim Start erscheinen soll (Arbeitsbereich-Allgemein) oder

 ✎ ob die **Rechtschreibprüfung** automatisch durchgeführt werden soll (Arbeitsbereich-Text).

Symbolleisten anpassen:

◆ **Extras-Anpassung** dient dazu, **Symbolleisten** oder Befehle einzustellen. Auch erreichbar über Extras-Optionen-Arbeitsbereich-Anpassung…

 ✎ Hier können auch **Shortcuts** für Befehle vergeben und es könnte sogar die Anordnung der Befehle geändert werden.

19.3 Neue Symbole oder Shortcuts vergeben

➢ Schalten Sie zu **Anpassung**, dann mit + die Unterpunkte aufklappen.

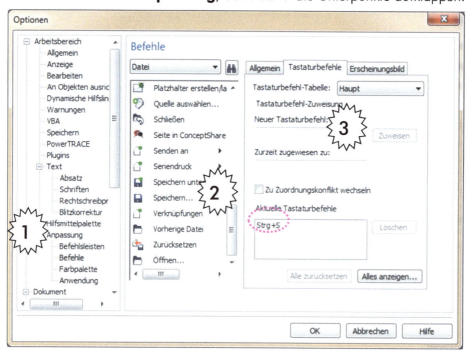

◆ Bei dem ersten Punkt **Befehlsleisten** können Sie **Symbolleisten** einschalten oder die Größe der Symbole ändern.

◆ Bei der nächsten Option **Befehle** sind drei Karteikarten für diese Funktionen vorhanden:

 ✎ **Allgemein**: Informationen zum gewählten Befehl,

 ✎ **Tastaturbefehle**: hier können Sie für einen links gewählten Befehl eine Tastaturabkürzung vergeben.

 ✎ **Erscheinungsbild**: selbst das Aussehen eines Symbols kann verändert werden.

19.3.1 Tastaturabkürzungen

Die Anwendung ist leider nicht sofort durchsichtig. Vorgehen:

- ♦ zunächst links Anpassung-Befehle wählen, dann in der Mitte oben eine **Kategorie**, z.B. Datei, Bearbeiten oder Objekt usw.
  - ✎ Die verfügbaren **Einstellmöglichkeiten** werden ganz rechts angezeigt. Sie können einen neuen Shortcut vergeben oder das zugehörige Symbolbild umzeichnen.

In der Regel lohnt es sich, **Tastaturabkürzungen** für häufig benutzte Befehle zu vergeben. Wenn Sie Symbole allzu sehr umstellen oder neue ergänzen, haben Sie auf anderen CorelDRAW-Arbeitsplätzen Probleme.

19.3.2 Symbole ändern

Solange das Anpassen-Menü geöffnet ist, können Sie mit der Maus

- ♦ Symbole in der Symbolleiste **verschieben** oder Symbole **löschen**: einfach aus der Symbolleiste wegziehen.
  - ✎ Wenn Sie ein Symbol auf eine **existierende Symbolleiste** ziehen, wird dieses in die Symbolleiste eingepasst,
  - ✎ wenn Sie dagegen ein Symbol an einer anderen Stelle loslassen, wird eine **neue Symbolleiste** geöffnet, der Sie entweder weitere Symbole hinzufügen oder diese bei dem ersten Punkt „**Befehlsleisten**" wieder löschen könnten.

19.4 Farben kalibrieren

Sie sollten wissen, dass alle **Geräte** (z.B. Bildschirm, Drucker, Scanner …) die Farben etwas anders darstellen, so dass der Ausdruck oft anders ausfällt, als am Bildschirm angezeigt wird.

- ♦ Eine gewisse Skepsis gegen die Farbanzeige ist daher zu empfehlen, vor allem bevor Sie die Farben eines Fotos korrigieren wollen.
- ♦ Bei **Extras-Farbverwaltung** können Sie die voreingestellte Farbverwaltung einsehen, getrennt für den Ausdruck (CMYK) oder die Anzeige am Bildschirm (RGB):
  - ✎ die Farbverwaltung ist nun so eingerichtet, dass für normale Anwender alles automatisch erfolgt, während professionelle Anwender vielfältige Korrekturmöglichkeiten haben.
  - ✎ **Standardeinstellungen** gelten auch für alle zukünftigen Zeichnungen, hiermit ändern Sie also die generelle Voreinstellung,
  - ✎ **Dokumenteinstellungen** nur für die aktuelle Zeichnung.
  - ✎ Mit **Extras-Farbprüfeinstellungen** können verschiedene Änderungen, z.B. das Zuweisen eines anderen Farbprofils am Bildschirm begutachtet werden.

Notizen: ....

....

20. Stichwortverzeichnis

www.ingramcontent.com/pod-product-compliance
Lightning Source LLC
LaVergne TN
LVHW071522070326
832902LV00002B/35